DONGGUAN
A REPORT ON THE DEVELOPMENT OF TALENTS

东莞人才发展报告
2018

东莞市人才工作领导小组办公室
东 莞 人 才 发 展 研 究 院 ／编著

中国经济出版社
CHINA ECONOMIC PUBLISHING HOUSE
北 京

图书在版编目（CIP）数据

东莞人才发展报告．2018／东莞市人才工作领导小组办公室，
东莞人才发展研究院编著．
—北京：中国经济出版社，2018.10
ISBN 978-7-5136-5324-4
Ⅰ.①东… Ⅱ.①东… ②东… Ⅲ.①人才培养—研究
报告—东莞—2018 Ⅳ.①C964.2

中国版本图书馆 CIP 数据核字（2018）第 196145 号

责任编辑 余静宜
责任印制 巢新强
封面设计 华子图文

出版发行 中国经济出版社
印 刷 者 北京柏力行彩印有限公司
经 销 者 各地新华书店
开　　本 710mm×1000mm 1/16
印　　张 18.25
字　　数 238 千字
版　　次 2018 年 10 月第 1 版
印　　次 2018 年 10 月第 1 次
定　　价 58.00 元
广告经营许可证 京西工商广字第 8179 号

中国经济出版社 网址 www.economyph.com **社址** 北京市西城区百万庄北街 3 号 **邮编** 100037
本版图书如存在印装质量问题，请与本社发行中心联系调换（联系电话：010-68330607）

目录

综合发展篇

特色工作篇

研究探索篇

人才政策篇

综合发展篇

推动人才机制创新 搭建多元平台载体

——2017 年东莞市人才发展综述

2017 年，东莞市大力推动人才政策机制创新，搭建多元平台载体，打造特色活动品牌，人才工作取得较大进展。截至 2017 年年底，全市人才总量约 172. 7 万人，同比增长 18. 3%，高层次人才约 11. 5 万人，同比增长 35. 8%，“双聘”院士 8 名，“千人计划”专家 38 名，享受国务院特殊津贴专家 29 名，省市创新科研团队 68 个，省市领军人才 74 名，市特色人才 213 名，院士工作站 15 个，博士后科研工作平台 69 个，技师工作站 12 个。“千人计划”总量和博士后科研平台数量排广东省第四，省创新科研团队总量连续 9 年排全省地级市第一。

一是完善党管人才工作机制。调整下放部分人才工作权限，优化成员单位工作职责。强化工作督导考核，首次将人才工作列入镇街党建述职的重要内容，大幅提升人才工作考核权重。强化政治引领和政治吸纳，开展高层次人才国情研修，举办高层次人才座谈会，组织人才代表列席“两会”等重大会议。市领导以上率下，深入开展“强化人才支撑 助推倍增发展”联系高层次人才活动，469 名市镇领导干部联系走访 819 名高层次人才，为人才解决了近 800 个问题。

二是创新人才政策机制。围绕引进创新人才、“倍增计划”试点企业人才发展、非户籍人才落户等工作出台了一批人才政策。制定博士后管理工作实施办法，对博士后及博士后工作站的资助力度排在全省前列，累计培养博士后179名。推出“两个五年”（在莞参加社会保险满5年且办理居住证满5年）入户新政取代积分制入户，降低人才入户门槛。全年核准人才入户约3.77万人，其中大专以上学历18254人，技能人才13176人，专业技术人才1423人。全年引进培养高层次人才约1.42万人，包括新增“双聘”院士2名，人事档案在东莞市的博士129名、硕士1481名、高级职称专业技术人才932名，省市领军人才18名，省市创新科研团队15个，市特色人才17名。市财政对高层次人才和团队的资助扶持为1.46亿元，其中省团队配套资助1350万元，市团队立项资助6100万元，领军人才资助1406万元，“千人计划”配套资助440万元，特色人才补贴1094.97万元，“三名”工程津贴1786万元，博士后培养补贴844万元，成长型企业人才扶持及柔性引进海外专家补贴457.72万元。各镇街（园区）结合自身实际，共出台70多项人才政策，构建了市镇联动的良好效应。松山湖新建了3300多套“拎包入住”的公寓，打造高层次人才社区。东城大力引进创新人才，对入选市级以上人才项目按1∶0.5配套资助。道滘积极推动人才安居保障，人才租房每月补贴最高5000元，筹集建设500套人才公寓。

三是扎实推进人才平台建设。中国散裂中子源打靶成功，陈和生院士、王贻芳院士等400多名高层次人才长期在莞工作。成功获批启动建设东莞材料科学与技术广东省实验室。东莞理工学院加快建设高水平理工科大学，新引进博士及以上人才119名，其中“双聘”院士1名，“千人计划”专家1名，长江学者3名。推进名校研究生培养（实践）基地建设，与21家高校、16家新型研发机构签订联合培养意向书，推动342名研究生来莞实践。新增博士后分站1个、技师工作站4个。

四是协调推进各支人才队伍建设。开设100个教师队伍建设培训项目，开展全员全岗全程覆盖培训。启动医学领军人才、杰出青年医学人才、医学学科带头人、医学学科骨干培养工作，确定培养对象460名。选树114名“首席技师”，20个镇街推出“一镇一品”技能人才培养项目，联合企业开展技能人才实训超20万人次。分领域、分层次组织党员干部、企业家、教育、医疗卫生、技能人才、农村实用、社会建设等人才队伍开展教育培训达50万人次，组织各类技能鉴定4.94万人次，核发职业资格证书4.22万本。

五是系列招才引智活动成效显著。成功举办“2017高层次人才活动周”，7000人次参与，255人次达成求职合作意向，49个项目意向落地。赴港澳地区开展“人才东莞”推介，组织开展名企名校行、“千人计划”专家东莞行、校企合作洽谈会、“蓝火计划”等一系列招才引智和产学研对接活动，促成一批高层次人才项目落户东莞，意向引进博士超过100名、硕士超过400名，260多家高校计划向1000多家莞企输送5.6万名毕业生。

六是优化提升人才服务保障。全年为人才子女提供学位超过7200个，比2013年翻一番。以创新创业人才服务中心、高层次人才服务专区为主阵地，为人才提供政策申报咨询等服务

3500 多人次，开展 80 多场各类人才专题活动，超过 9000 人次参加。东莞人才发展研究院获“全国人才工作创新案例”优秀案例奖。首次发布全市人才资源统计公报和国内首个粤港澳大湾区人才专题研究报告，受到社会广泛关注。

2018 年东莞市人才工作要点

2018 年，全市人才工作要以习近平新时代中国特色社会主义思想为指导，深入贯彻党的十九大精神和习近平总书记对广东重要指示批示精神，遵循社会主义市场经济规律和人才成长规律，按照全国、全省组织部长会议和市委十四届五次全会、全市组织工作会议部署，以实施人才强市战略为主线，以建设创新型一线城市为核心，以培养引进领军人才和团队、创新人才、技能人才为重点，以充分发挥人才作用、提高科技创新能力、实现发展动力转换、引领产业转型升级为根本，切实加强党对人才工作的领导，大力推进人才发展体制机制改革和政策创新，统筹各支人才队伍建设，强化人才服务保障，优化人才发展环境，激发人才创新创业活力，为推进东莞市高质量发展提供坚强的人才保障和智力支持。

一、深入学习贯彻习近平新时代中国特色社会主义思想和党的十九大精神，强化党管人才工作格局

（一）强化理论武装指导

把学习贯彻习近平新时代中国特色社会主义思想和党的十

九大精神、习近平总书记对广东工作重要指示批示和关于人才工作的重要思想作为首要任务，召开市人才工作领导小组会议，在全市人才工作领域加强理论武装。举办人才工作者业务轮训，切实提高理论素养和专业能力。

（二）健全党管人才工作机制

提高党管人才的政治站位，加强党委对人才工作的全面领导，发挥组织部门牵头抓总的优势，完善运作机制，构建统分结合、各方联动的党管人才工作格局。强化人才工作目标责任考核，将人才工作作为落实党建工作责任制情况述职的重要内容，列入党委（党组）责任清单，人才工作职责要列入相关职能部门“三定”方案。鼓励申报人才工作类“单打冠军”。筹备召开全市人才工作会议。

（三）加强政治引领和政治吸纳

进一步完善党委（党组）联系服务高层次人才制度，将市人才工作领导小组成员单位纳入联系服务人才的责任范围。办好高层次人才研修班，重点开展习近平新时代中国特色社会主义思想和党史、国情、省情、市情教育培训。加大在高层次人才中发展党员力度。完善重大决策专家咨询机制，推动新型智库建设，发挥市发展战略院士咨询委员会作用，为东莞市经济社会发展提供理论指导和决策参考。

（四）加强人才工作宣传和理论研究

加大人才工作创新实践和人才优秀典型宣传力度，总结宣传全市人才工作和人才队伍建设取得的成绩，广泛宣传东莞市重点人才政策。加强人才发展重大理论和实践问题研究，重点发布年度人才资源统计公报，开展中子科学城人才集聚、人力资源服务产业发展、制造行业技能人才队伍建设等课题研究。

二、深入推进体制机制改革，释放人才发展活力

（五）出台深化人才发展体制机制改革的实施意见

加强督促指导，制定任务分工方案，研究配套实施细则，明确具体责任和时间进度安排，推动各项改革任务落地生效。

（六）创新事业单位人才引进激励机制

探索聘用企业人才到事业单位的工作机制。普通高等学校、公立医院等符合条件的公益二类事业单位实行机构编制备案制管理，逐步实现由相关单位研究提出人员控制数额、内设机构设置方案，报同级机构编制部门备案，按照中央和省统一部署，探索不再纳入编制管理。出台事业单位专业技术人才激励政策，鼓励专业技术人才和高校、科研院所科研人员创新创业。健全事业单位编外工作人员管理机制。

（七）强化人才评价激励机制

向条件成熟的园区、镇（街道）、高等院校、科研院所下放市特色人才认定权限。完善创新人才收入分配机制，制定出台产业发展与科技创新人才经济贡献奖励实施办法，保障人才合理分享创新成果收益。深化职称制度改革，逐步推动高等学校、科研院所等企事业单位自主开展职称评审，自主评审结果改为事后备案管理。支持鼓励企业开展技能人才评价，新建职

业技能鉴定所（站）2家。

（八）加快发展人力资源服务产业

制定出台人力资源服务产业扶持政策，建设人力资源服务产业园，引进国内外知名人力资源服务机构，培育发展专业社会组织和人才中介服务机构，打造一支素质优良、结构合理的人力资源服务业人才队伍，不断提高人才资源配置能力。

（九）推进松山湖省人才发展改革试验区建设

复制推广粤港澳人才合作示范区先进经验，鼓励先行先试、探索创新，推动各类惠才政策落实，完善创新创业环境配套。

三、统筹推进各支人才队伍建设，提升创新驱动发展水平

（十）优化提升创新人才引进工程

推进东莞市在“千人计划”“万人计划”“珠江人才计划”“广东特支计划”等重大人才工程实施上的扩容增效。大力引进培养、集聚储备经济社会发展的“高精尖缺”人才，启动实施“十百千万”人才工程。对引进居世界领先水平的战略科学家，一事一议，特事特办。争取年内引进10个海内外高水平创新科研团队，15名至20名创新创业领军人才。启动市级创新科研团队培育库建设，培育10个市级后备团队。扩大认定评定范围，认定评定特色人才60名左右。制定创新人才队伍建设实施方案，大力引进培养青年硕士、博士和高级职称专业技术人才。出台青年人才启航计划实施办法，遴选500名左右

本市户籍优秀大学毕业生到成长型企业工作。

（十一）实施高层次人才培养工程

实施培养高层次人才特殊支持计划，制定出台实施办法，从在莞工作的创业人才中遴选出60名科技、企业经营管理、金融以及社会建设领军人才给予资助。继续深入实施名师、名家工程，评选出名师215名、名家8名。实施高级专业技术人才培养计划，制定出台实施办法。

（十二）推进“技能人才之都”建设

制定出台打造“技能人才之都”的实施意见，实施万名智能制造人才提升工程，构建领先全国、对接国际的技能人才培养体系。实施“工匠精英”引领计划，选树培育100名“首席技师”。实施“一镇一品”人才培训政策，开展25个特色培训项目。实施技能大师育才计划，新认定4个技师工作站。

（十三）加强企业经营管理人才队伍建设

加强企业家思想政治引领，拓展国际视野，建立学习交流机制，营造尊重、关怀、宽容、支持企业家的社会文化氛围。实施重点企业家人才培育工程，对倍增企业中约180名优秀中高层管理人才开展跟踪服务和培育工作。办好莞商学院，完善常态化企业家培训机制，实施万名民营企业家培训计划，选派约450名企业家参加培训。

（十四）加强教育人才队伍建设

实行“市管校聘”“镇管校聘”管理体制改革，优化教师资源配置。按照新增学位的需求和高考改革的要求，完善教师配备，推动各级学校生师比达到教育现代化指标要求。完善基础教育高层次人才引进措施，实施新任教师规范化培训，推进教师学历提升。评选中小学名师、名班主任和名校（园）长工作室215个，加强工作室管理。建立师德考核负面清单制度，提升教育人才思想政治素质和职业道德水平。

（十五）加强医疗卫生人才队伍建设

推进住院医师和全科医生规范化培训，新建2个全科医生实训中心。建立健全引进培养机制，引进和培养5名医学领军人才、50名杰出青年医学人才、100名青年医学后备人才。实施中医药人才传承创新工程，建立健全中医药师承教育制度。选派医学骨干到国内外著名医疗机构进修培训。完善医疗卫生人才招聘录用和人才流动机制。建立符合医疗卫生行业特点的人事薪酬制度。

（十六）加强金融人才队伍建设

加大对新兴金融业态人才的引进和集聚力度，研究开展高层次金融人才轮训。支持本地高校加大金融人才培养力度。探索由政府和金融机构共同出资，支持金融人才培养进修。鼓励高校、科研院所和金融机构共建金融研究院、实验室和人才实习实训基地。

四、加快推进多元平台建设，强化人才集聚效应

（十七）高质量举办招才引智活动

围绕城市发展与产业转型的用才需求，高标准办好“2018

东莞高层次人才活动周”，提升“千人计划”专家东莞行活动实效。进一步推进产学研用融合，继续举办“蓝火计划”博士工作团、校企合作洽谈会、名企名校行活动。扩大创新创业大赛影响力，举办“赢在东莞”科技创新创业大赛、松山湖创新创业大赛，在北京、深圳、香港等地区及美国、法国、德国和以色列等国家设分赛场。

（十八）加大柔性引才力度

制定鼓励留学人员和海外人才来莞创业工作的规定，用活用好粤港澳地区丰富的专家资源，广泛吸引全球各方面专家来莞开展柔性合作。推动广东自贸区16项出入境政策在东莞市全面落地。做好“人才东莞”推介活动，联合企业、新型研发机构等单位组团到海内外招才引智，开展技术项目合作。

（十九）推进重点平台建设

围绕中子科学城发展规划，制定促进中子科学城人才发展的实施意见。推进市名校研究生培养（实践）基地建设，制定名校研究生培养工作行动计划，引进30所国内外高水平大学进驻基地，建立40个校企共建研究生联合培养（实践）工作站。加快推进东莞理工学院高水平理工科大学建设，面向海内外引进“双带头人”，引进50名拔尖青年博士，完善高层次人才引进和评价机制。以企业形式组建市科技创业学院。

（二十）加强海外引才网络建设

结合“一带一路”、粤港澳大湾区、开放型经济新体制建设，构建高层次人才国际引才网络，在海外经贸代表处加挂人才工作站，加快布局海外引才站点。增强对外辐射，鼓励企业设立海外研发中心或生产基地，对接国内与国际两个市场，吸引、储备和培养科技及产业人才。

五、优化服务保障体系，营造良好发展氛围

（二十一）提升人才工作科学化水平

推动人才工作信息化，建设人才综合服务平台，促进人才工作智能化、在线化、个性化。发挥创新创业人才服务中心主阵地作用，打造特色服务品牌。加快建设松山湖人才大厦，增强对高层次人才创新创业需求的对接和承载能力。

（二十二）实施人才乐居工程

出台人才安居政策，优先解决高层次人才住房需求，构建“货币补贴为主，实物保障为辅”的人才安居保障体系。支持松山湖高新区等重点区域建设人才公寓。支持市安居公司在全市筹集1000套人才公寓。打造高层次人才社区，配建完善的教育、医疗、交通等综合配套设施和服务。

（二十三）妥善安排人才子女入学

优化企业人才子女积分入学政策，落实好“倍增计划”试点企业人才子女入学政策。实现入选市级以上人才项目的高层次人才子女入学享受本市户籍学生待遇，国家级以上人才可按工作所在地或居住地安排子女入读义务教育阶段公办学校。

特色工作篇

优化人才工作机制 打造招才引智品牌

——2017 年东莞市人力资源局人才工作总结及 2018 年人才工作计划

2017 年，市人力资源局围绕全市“在更高起点上实现更高水平发展”的目标，根据《2017 年全市人才工作要点》部署，不断优化人才政策机制，大力引进高层次人才，推动职业技能培训，打造招才引智活动品牌，积极为推动东莞经济社会发展提供人才智力支撑。具体情况如下：

一、2017 年人才工作总结

（一）以改革创新为导向，进一步优化人才政策机制

1. 深化职称改革工作

以科学评价人才为核心，积极推进职称评审工作改革，引入市土木建筑学会等 7 个行业协（学）会和 2 个用人单位自主开展职称评审工作，确保评审更专业、更公开、更透明。建立与事业单位聘用制度和岗位管理制度相衔接、符合教师职业特点的中小学教师职称评审制度，为中小学教师聘用提供基础和依据，为全面实施素质教育提供制度保障和人才支持。推行职

称网上预审申报制度，使用“东莞市专业技术人才服务系统”为广大专业技术人员提供信息化网络服务，进一步优化职称业务办理流程。截至目前，全市取得专业技术资格人员总量突破21万人，其中，高级职称1.1万人，占5.1%，中级职称7.9万人，占36.6%，初级职称12.6万人，占58.3%。

2. 完善事业单位人事管理政策

一是支持东莞理工学院创建高水平理工科大学。印发《关于下放东莞理工学院人事权限的通知》文件，下放岗位设置、公开招聘、人员调配等人事工作权限，进一步深化学院人事制度改革。二是创新事业单位专业技术人员激励机制。为充分调动事业单位专业技术人员积极性和创造性，促进优秀人才脱颖而出，起草《关于加强事业单位专业技术人才激励的意见》，目前已完成政策文件征求意见程序，将在呈报市政府审定后颁布实施。三是建立事业单位工作人员培训机制。草拟《东莞市事业单位工作人员培训管理办法》，建立完善事业单位工作人员培训制度，规范事业单位工作人员培训工作。首次组织开展全市事业单位工作人员专题培训，分别举办初任培训1期、在岗培训3期及晋岗培训1期，培训成效明显，获得学员们一致好评。四是加快事业单位高层次人才和短缺专业人才引进工作。贯彻落实《东莞市事业单位引进高层次人才和短缺专业人才试行办法》文件精神，优化事业单位招才引智模式，通过考核的方式，全年累计引进高层次人才和短缺专业人才108名。

3. 优化人才创业扶持机制

在创业扶持方面，出台《东莞市小额创业贷款实施方案》，全面放开人才小额贷款户籍限制，该方案成为率先实现均等化的就业创业政策。全年共向3694人发放小额创业贷款64965万元，贴息4955万元，受惠人数同比增加约一倍，发放贷款金额同比增加约两倍，有效帮助人才初创企业缓解资金紧缺问题。在创业孵化平台建设方面，出台《东莞市市级创业孵化基地认定和管理实施办法（试行）》，鼓励镇街（园区）、企业、高校、行业组织依托发展成熟的园区资源，挖掘闲置的社会资源，创建专业化或综合性的孵化基地，打造优质创业服务平台，对认定为市级创业孵化基地的给予20万元创业孵化基地资助等一系列政策优惠。目前，已认定松湖华科产业孵化园、东莞松山湖国际机器人产业基地、东莞天安数码城创业孵化基地等十家（第一批）市级创业孵化基地，发放创业孵化基地资助共计100万元。同时，成功推荐东莞松山湖国际机器人产业基地入选十家2017年省级示范性孵化基地。

4. 创新人才服务机制

组织东莞市高层次人才参加“第七届松山湖50公里徒步”活动、“人才走基层”活动、“以球会友”羽毛球赛、“人才周末”“七一”专场音乐会、2017东莞国际马拉松等各类文化、体育、艺术等交流活动，丰富高层次人才在莞业余生活，增强人才归属感。

（二）坚持高端引领，加强人才引进培养工作

1. 推进高端人才引进培养工作

开展市第七批创新创业领军人才引进工作，共计100名海内外高层次人才参加申报，同比增加63.9%。经过资格初审、专家评审、公示审批等环节，共15名高层次人才获批市引进

第七批创新创业领军人才，涵盖电子信息、先进制造、生物医药、新材料等产业领域，人才实力强，项目质量高。新增3名省创新创业领军人才（2016年推荐申报），累计6名，人数实现倍增。5名海外专家入选全省首批“珠江人才计划”资助项目，获得省资助资金53.98万元。东莞理工学院刘向阳教授成功入选2017年国家百千万人才工程人选名单，并获“有突出贡献中青年专家”荣誉称号。新增3名享受国务院特殊津贴专家（累计29名），新增人数为近年最多。

2. 加强企业人才扶持工作

紧贴我市产业发展方向，面向我市重点扶持的3300多家企业实施成长型企业人才扶持政策，鼓励企业大力引进经营管理、技术创新、工艺升级所需的本科或初级职称以上管理和技术型人才。给予符合申报条件的人才每人6000～20000元生活补贴，并对就业于“倍增计划”试点企业的人才翻倍执行资助标准。经审核，确定共716人符合申报条件，拟资助665.32万元，其中在“倍增计划”试点企业就业的有308人，占全部符合申报条件人才的43%，拟资助387.05万元，占拟资助总资金的59%。

3. 加大博士后人才引进培养力度

进一步扩大东莞市博士后政策优势，制定出台《东莞市博士后管理工作实施办法》。对东莞市新设立的博士后工作站、分站、创新实践基地一次性给予100万元、35万元、35万元的建站资助；对新进站博士后人员提供每年15万元的资助（资助期不超过2年）；对出站后在本市工作且与本市企事业单位签订5年以上劳动（聘用）合同的博士后人员分5年给予50

万元出站资助。组织东莞银行、东莞同济大学研究院等单位参加省人社厅举办的博士科研人才供需招聘专场引荐会，现场达成求职意向5人。2017年，新增1家博士后工作分站，新引进24名博士后人才。截至目前，全市已拥有国家级博士后科研工作站25个、分站11个，省级博士后创新实践基地33个。博士后科研工作平台共计69个，设站（基地）规模位居全省第四，仅次于广州、深圳和佛山，累计招收博士后179人。

（三）紧扣转型升级方向，加强职业技能培训工作

1. 推进技能人才多元化培养

实施劳动力技能晋升培训补贴政策。2017年共培训1.9万人，核发补贴3402.76万元。推动镇街立足产业特点，建立“一镇一品”技能人才培养平台。已有20个镇街开展智能制造、电子商务等精品培训课程，培养人才2500人。全市共有民办职业技能培训机构171家，调动培训机构力量开展技能培训。依托职教城整合职业教育资源，打造慕课联盟，向社会开放公益性学习课程69门，共893节。

2. 树立全国技工教育品牌标杆

技师学院在全省率先开启国际合作办学，开设国际班68个，在校生1853人。2017年，首届中德班116名毕业生实现100%就业，并进入企业关键技术岗位，转正后平均月薪达6000元以上。深化校企合作，完成2家企业203名新型学徒制试点培养任务，与京东电商、华为机器、固高机器人研究院以及戴姆勒—奔驰等合作共建人才培养基地，与38家企业开办51个冠名班，实现人才培养与企业需求的精准对接。2017年4

月，国家人社部部长尹蔚民视察东莞市技师学院，以“市场化导向、国际化标准、工厂化教学”高度评价其办学模式。

3. 打造华南地区高技能实训示范基地

与企业共建叉车训练中心、发那科联合培训中心、智能制造专业技术培训等实训基地合作，扩大实训规模，全年实训超过20万人次。拓宽职业培训项目，加强国际实训合作，联合香港职训局举办首期BIM建造工程管理课程培训班，与技师学院、德国职教集团联合开设BBW机电一体化国际课程班，培训41名企业技术人员。加强实训场馆建设，建成东莞市制造业新材料馆，举办新材料技术论坛、高训智造、2017年中国模具工业智造趋势峰会等技术交流活动，为企业院校搭建技术交流平台。

4. 深入推进技能激励评价

选树114名“首席技师”开展培育，支持开展技艺传授和技术创新，其中51人在“倍增计划”试点企业工作。鼓励企业培育高技能人才，新建4个技师工作站，分布在电子、汽车制造等行业，其中3个设在“倍增计划”试点企业。举办智能楼宇、叉车司机、模具设计、毛织服装设计以及中式烹调等8个职业工种竞赛，吸引995人参赛，其中160人获奖。制定企业技能人才评价实施手册，完成14家（次）企业评价，涉及14个职业（工种），971人评价合格获得国家职业资格证书。

5. 促进技能鉴定规范化

基本完成职业资格清理工作，全面落实职业资格目录清单管理制度。加强职业技能鉴定站管理，重新签订质量管理协议，支持承担鉴定业务，布局建设鉴定考点远程监控，确保鉴定工作质量。统筹做好鉴定考务工作，组织各类技能鉴定4.94万人次，核发国家职业资格证书3.49万本。

（四）服务产业人才需求，打造招才引智活动品牌

1. 举办系列东莞引才品牌活动

组织开展东莞名企名校行活动，带领134家企业赴长春、武汉等地的著名高校举办专场招聘会。面试高校毕业生约1500人，达成录用意向757人，其中硕士及以上学位320人。参加工信部人才交流中心“全国博士专场巡回招聘会”，先后赴厦门、长春、武汉等地，通过现场对接洽谈，为东莞市73家企业招揽博士人才130人。举办“春风行动”“南粤春暖”系列招聘活动278场，提供60万个岗位信息，即时达成就业意向3.9万人次。举办高校毕业生招聘会41场，举办高校毕业生就业、创业指导培训班114期，培训1.6万人。举办第八届校企合作洽谈会，吸引全国各地261家院校与1000多家莞企进行洽谈交流，校企双方达成合作协议2310份，计划年内向洽谈企业输送毕业生5.6万人。

2. 踊跃参加大型人才交流活动

我局主要领导参加省人社厅、省外专局举办的赴俄罗斯、白俄罗斯、乌克兰人才项目推介洽谈活动，相关机构单位及专家人才对我市创新创业环境表现出了浓厚的兴趣。组织我市企事业单位参加“第十五届中国国际人才交流大会”“第二十届中国北京国际科技产业博览会”“2017中国海外学子创业周”“2017中国海外人才交流大会暨第十九届中国留学人员广州科技交流会”等大型人才科技交流活动，展示我市创新创业环

境，吸引众多海内外人才前来接洽。在“海交会”上，市技师学院作为内地技工院校之一，与港澳等地区30余家知名职业教育机构一起组建粤港澳大湾区高技能人才培养合作共同体——“粤港澳大湾区职业教育联盟”；市人才管理办公室参与发起成立“粤港澳大湾区人才战略联盟”并签署了战略合作协议；乌克兰科学院两位院士受邀到东莞参观考察并与东莞理工学院、松山湖高新区达成了初步合作意向。

3. 实施“蓝火计划”博士生工作团项目

联合教育部开展第二期“蓝火计划”博士生工作团项目。选派来自全国17所知名高校的44名博士生，进驻东莞10家“倍增计划”试点企业及重点科技创新平台，协助企业解决技术难题73项，提出企业生产工艺优化方案51个，为驻点单位提供专业技术支持，有效推动产学研用结合。

4. 举办“2017东莞高层次人才活动周”

成功举办“2017东莞高层次人才活动周”系列活动，吸引290名海内外高层次人才前来洽谈，现场达成求职意向253人次、项目合作意向23项，13名高层次人才于洽谈会当日与企业正式签约。高层次人才项目路演展示了40个海外高层次人才项目，达成项目合作意向18个，其中14个项目进行了初步协商，2个项目分别获得投资人当场承诺500万元的投资意向，2个项目分别与2家企业达成进驻合作的签约意向。成功举办技能人才发展论坛、智能制造专场对接会、智能制造技能人才培养研讨会等创新活动项目，为推进东莞智能制造发展、打造“技能人才之都”提供支撑。

二、2018年人才工作计划

2018年，市人力资源局将全面深入贯彻落实党的十九大精神，坚持以习近平新时代中国特色社会主义思想为指引，围绕市委、市政府“在更高起点上实现更高水平发展”以及在加快建设社会主义现代化新征程中实现“五个跃升”的决策部署，加快高层次人才集聚，提升人才服务水平，着力打造“技能人才之都”，为东莞实现“两个率先”提供更加坚实的人才智力保障。

（一）加快高层次人才集聚

一是研究制定新时代高层次人才引进培养政策。对新引进博士、硕士人才分别给予10万元、3万元生活补贴，促进中高端人才落户东莞创新发展。推进本土人才培养工作，对晋升高级职称或硕士及以上学位人才给予一次性补贴。二是加强“倍增计划”试点企业引才工作。采取有效措施，做好试点企业人才需求的征集和研判工作，组织动员试点企业参加东莞市各类招才引智活动。三是实施特色人才特殊政策。继续做好市创新创业领军人才引进工作，推动人才创业、项目开发同步发展；会同有关职能部门，组织开展特色人才的认定、评定及相关政策配套工作。四是推动人才体制机制创新。深化职称改革，探索制定事业单位专业技术人才培养激励政策。

（二）提升人才服务水平

一是强化留学人员的服务。进一步完善鼓励留学归国人员来莞工作政策，争取设立中国留学服务中心东莞分中心，为留学人员提供就业创业服务。支持特色留学人员创业园建设，抓好省部共建东莞留学人员创业园建设，进一步扩大建园规模，继续完善服务管理办法，提高服务管理水平。二是发挥海外人才机构作用。加强与海外人才服务机构对接，强化东莞市4个海外人才工作站的绩效考核和激励管理，充分发挥其招才引才的据点作用，加大海外人才、项目产出效益。三是办好招才引智品牌活动。发挥社会人才机构的专业化力量参与举办系列人才交流活动，进一步打造“东莞高层次人才活动周”、名企名校行、“蓝火计划”博士生工作团项目等招才引智活动品牌。四是强化人才服务载体建设。支持松山湖人力资源产业园建设，不断推动人才服务升级。加快博士后科研工作平台建设，加强政产学研合作，推动高层次人才集聚创新。发挥市创新创业服务中心和高层次人才服务专区作用，围绕“倍增计划”试点企业、新兴战略性产业、高新科技企业等重点行业企业加强人才需求研判，为企业和人才提供精细化服务。

（三）打造“技能人才之都”

立足东莞产业转型发展，大力弘扬劳模精神和工匠精神，推动实施“技能人才之都”人才战略。聚焦技能人才培养重点领域，深化体制机制改革，创新技能人才评价制度，完善技能人才国际培养机制。实施系列重点举措，制订“工匠精英”引领计划，推进紧缺人才培养计划，实施“一镇一品”重点行业人才培养，扩大技能人才有效供给。建设一批引领技能人才培养的示范性工程，设立区域性高技能公共实训中心，打造“东莞制造”博览馆，建设龙头企业技能人才培养基地，建设专业化人力资源产业园。通过构建领先全国、对接国际的技能人才培养体系，建设一支知识型、技能型、创新型劳动者大军，力争将东莞建设成为技能人才的集聚中心、培养中心和辐射中心。

优化人才政策体系 推动人才项目实施

——2017年东莞市科学技术局人才工作总结及2018年人才工作计划

为加快实施“人才东莞”战略，构建东莞“人才型城市”，充分发挥各类特色人才的引领和支撑作用，市科技局不断优化各类人才政策，近年来围绕《东莞市中长期人才发展规划纲要》，出台了近40项配套政策，主要包括人才引进、培养、激励、评价等方面，并在创业奖励、居留落户、住房优惠、医疗社保、子女入学等13个方面制定实施细则，确保人才政策接地气、起作用、出效益。截至目前，东莞市共认定评定了12批特色人才，共计221人。

一、基本情况

科技局主要负责创新团队的引进。九年来，东莞市共引进了六批次共31个处于产业前沿的广东省创新科研团队，占全省引进团队数量的近1/5，数量稳居地级市第一，累计获得省级财政专项经费资助6.55亿元。31个省创新科研团队共引进海内外院士、“千人计划”专家、海外终身教授等一流学术带头人31名，高层次团队核心成员167名。为增强企业自主创新能力，提高产业核心竞争力，东莞市出台《引进创新科研团队项目实施管理办法》，成功引进了四批共38个市级创新科研团队，市财政立项资助经费达2.37亿元。引进的38个市级创新科研团队中，包括两院院士、“千人计划”专家、“国家杰青”科学家、长江学者以及来自美国、英国、新西兰、韩国、加拿大、以色列、中国香港等国家和地区的著名高等院校、科研院所的高级专家212名。

二、东莞市引进创新科研团队的主要做法

一是加大投入，优化人才引进政策环境。对省团队项目，按照省资助经费1:0.5至1:1的比例配套资助资金；对市团队项目，分为1000万元、800万元、500万元三个层次给予一次性立项资助资金；待项目结题验收后，还将视团队引进和项目实施成效，再给予不超过立项资助经费金额的创业奖励。这项政策为吸引高层次人才团队来莞创新创业提供了优越的政策基础和良好的投入保障。

二是精选项目，引进与东莞市产业升级导向相契合的高水平团队。总结近九年团队工作经验，高标准遴选团队项目，特别注重五个核心要点：强调带头人及团队的创新水平，强调项目的创新性，强调项目的产业化前景，强调项目的成长性，强调用人单位的配套能力。

三是强化辅导，努力提升团队申报通过率。在东莞市科技项目、人才资源相对缺乏的情况下，市科技局通过广泛宣传发动、准确评估项目、强化培训辅导等方式使东莞市申报团队保持了较高的通过率。

四是注重服务，加速团队项目产业化进程。在企业融资方面，以市政府名义颁布《东莞市创新财政投入方式促进科技金融产业融合工作方案》，明确设立了5000万元创新创业种子基金并实施创业投资风险补助，建立拨投联动机制，重点支持包括创新团队项目在内的创新创业项目，并不定期组织创投机构、科技支行与创新团队承接企业进行对接；在市场拓展方面，积极组织创新科研团队参加中国（东莞）国际科技合作周、广东省新型研发机构现场展示会等活动，展示各项目的科研成果和研发产品，加强市场宣传；在创业帮扶方面，对东莞市引进的省市级创新科研团队项目的财政资助有别于其他科技项目，采取一次性拨付的方式，给予团队充分支持，并且积极组织团队和团队成员个人申报国家“千人计划”、广东省高层次人才“特支计划”、东莞市特色人才等人才项目，组织项目承担单位申报省级企业工程技术中心、重大专项等科技项目，为企业和团队发展争取更多的支持。

抓住人才发展改革试验区契机
不断拓展人才项目和招引渠道

——2017年松山湖人才工作总结及2018年人才工作计划

2017年，松山湖积极贯彻落实省委胡春华书记视察松山湖时对人才工作的指示精神，以省级人才发展改革试验区建设为契机，积极完善试验区配套方案和各项人才政策，密集开展高层次人才招引推介活动，不断拓展人才项目的承载空间和招引渠道，加快推进人才房的配租工作，招引的高层次人才的数量和比例在全市占据引领和标杆位置。现将人才工作情况汇报如下：

一、主要成效

（一）园区人才招引工作取得良好效果

截至目前，2017年松山湖新引进高层次人才情况如下：硕士研究生695人，博士研究生547人，高级职称18人，高级技师73人。新引进高端人才情况如下：院士6名，“千人计划”专家5名，省创新创业领军人才3名，市创新创业领军人才14名，东莞市特色人才22名。

（二）省级人才发展改革试验区建设工作成效初现

2016 年，松山湖被列入省级人才发展改革试验区，通过先行先试，推动全省人才工作实践、理论和制度改革创新。为切实落实各项工作任务，完善试验区人才政策体系，松山湖高新区人才工作局迅速启动配套政策细则的制定工作。2017 年，起草了《东莞松山湖领军人才集聚工程实施细则》《东莞松山湖科技创新人才培养实施细则》《东莞松山湖特色人才评审实施细则》以及《东莞松山湖优才奖励实施细则》，预计于 2017 年年底至 2018 年第一季度陆续出台。上述政策既覆盖高端人才，也惠及企业骨干人才；既支持人才创新创业，也助力人才成长提高；既坚持政府选拔人才的主体原则，也发挥人才荐才引才的积极作用。试验区的政策体系得到进一步完善。

二、工作措施

（一）全面高效加强人才管理

1. 开发了人才信息管理系统

为加强高新区人才统计，建立人才台账，监测园区企业特别是重点用工企业的人才结构、人员变动情况，预测企业人才需求、人才发展趋势，预警人才生态失衡和人才流失等，人才局委托专业机构开发了“松湖人才信息管理系统”，并于 2016 年 12 月上线运行，有效提升了高新区人才工作信息化水平。

2. 开展了高层次人才现状专题调研

为了解人才落地园区后的生存状况，总结人才创新创业的成功经验，分析阻碍人才及企业成长的不利因素，探寻更有效、更精准的人才服务模式，帮助人才发展壮大，人才局委托专业机构，以实地考察、深度访谈、问卷调查等形式，开展了高层次人才调研，为人才工作指明方向。

（二）有的放矢实现人才招引

1. 打响活动品牌，提升人才吸引力

园区举办了“2017‘千人计划’专家东莞行”活动，30名“千人计划”高层次专家集聚松山湖，密集开展路演和项目对接，有4位“千人计划”专家在现场举行签约仪式，松山湖在高层次人才中的影响力和口碑进一步提升。组织参加深圳国际人才交流大会、北京科博会、全国留学人员创业园年会等全国性活动，宣传高新区创新创业政策。与专业机构洽谈，探讨开展海内外人才招引、为人才和企业提供技术供需对接等合作事项。

2. 组团主动拜访，传递引才诚意

选取高校和科研院所较为集中的长三角地区，以及北京、西安、武汉等重点城市开展高层次人才精准拜访，以小团队规模，做到“每月有初访，每季有回访”。人才局牵头组织了相关企业、产业载体、孵化机构、投融资部门等，对拟拜访专家的研究领域、产业方向等信息进行调研，随后带着合作伙伴，围绕产业资源、潜在需求、市场状况等与专家进行洽谈，做到“先调研，再拜访，实现高效对接”。目前，人才局已拜访了上海、南京、苏州、西安等地的十余位“千人计划”专家、大学教授、归国创业博士等，建立了密切的沟通渠道，为半导体芯片、大功率激光等领域的项目落地和人才招引奠定了良好基础。

3. 线上线下相结合，大力拓展引才渠道

一是通过“卓博人才网”松山湖企业招聘专栏、“松湖人才”微信公众号等途径，定期收集和发布品牌企业的招聘信息，极大地提高了招聘信息的传播效率，及时满足企业用人需求和求职者就业意愿。二是举办多场大型现场招聘会，包括2017年松山湖（生态园）“春风行动”现场招聘会、成都电子科技大学招才引智活动，参加2017年东莞市校企合作洽谈会，组织园区企业与东莞理工学院、东莞职业技术学院和广东医科大学等三所高校开展校企合作活动，为园区企业和人才提供多渠道招聘应聘机会，取得良好成效。

三、下一步工作计划

未来一年，松山湖高新区人才工作局将继续落实管委会的决策部署，不断完善各项工作机制，大胆创新、不断进取，不遗余力做好园区人才工作，具体计划如下：

（一）倾力打造，发挥人才品牌效应

一是打响“人才政策”品牌。高效推动落实各项已出台人才政策，做好政策宣传解读和申报受理工作；不断完善拟出台政策，完善人才政策体系，强化松山湖在珠三角乃至全国的政策优势，为人才创新创业铺好路，助力人才安居乐业、企业快速发展，形成松山湖招才引智的“闪亮名片”。

二是打造“人才载体”品牌。以政府购买服务形式，加强

松山湖人才创新创业促进会等人才专业机构和组织在人才工作中的参与度，持续推进“人才大厦”“人力资源服务产业园”等载体平台建设和推广，将市场力量与协会力量相结合。

三是打造“大孵化器”品牌。结合松山湖与周边六镇联动协同发展机制，探索“总—分园”模式，与周边镇街统筹引才、共享成果；探索将民营孵化器纳入留创园政策覆盖范围，实行“一园多点”，通过资源整合，盘活民间载体，减轻政府财政压力。

（二）先行先试，实现人才项目资源对接

计划推出《人才参考》双月刊。借助“千人网”“科学家在线”等人才行业专业机构力量，拜访对接、精准搜集、深度挖掘国内高层次人才项目资源，同时针对松山湖及周边地区在产业布局规划、项目发展、企业人才、科研攻关等方面的需求，分类筛选、集结排版，向企事业单位及人才双向发布人才及项目供需信息，并根据需求反馈，组织有意向的科研机构、企业、产业载体、投资机构等进行实地拜访对接，力求将《人才参考》打造成为了解人才状态、知悉产业动态、获取政府资讯、传递企业需求、对接市场资源、具有浓厚“双创”氛围的人才资源媒介。

（三）主动出击，强化境内外招才引智

一方面，充分发掘境内资源，主动“走出去”引才。组队拜访国家有关部委、高校、行业协会、投资咨询机构、人才组织、孵化器以及重点企业等，整合优势资源、拓展招才引智渠道；参加中国科学家论坛等高端活动，组织充分有效

的宣传和推广。另一方面，拓展境外引才渠道，实现“跨境”招才。赴欧洲、美国、加拿大、日本等国以及我国港澳台等地开展宣传推介，向留学人员、中小高科技企业、高校、科研机构宣传园区环境，洽谈引进、合作；同时，借助香港和澳门高校学生联合会等团体和专业引才机构，赴香港及澳门举办政策宣讲会和推介会，举行创业大赛活动等，让更多的港澳优秀人才落户松山湖。

（四）不断创新，提高人才服务水平

一是推行“一人一策”“一人一册”，提高服务精准度。“一人一策”指通过专业人才服务机构，根据人才实际状况及创办企业的特点及需求，制定个性化的服务方案，力求做到精准服务，推动人才发展。“一人一册”指密切跟踪人才在园区的发展状况，将人才落户高新区后的成长记录在册，通过相关记录，定期分析高新区人才服务存在的问题，形成经验并不断优化人才工作。二是开设人才服务热线，提高服务贴心度。开设人才服务热线，开展人才相关问题答疑及辅导，让人才足不出户即可获得政府服务。三是开发人才政策匹配系统，提升政策服务效率。通过开发人才政策匹配系统，让人才通过简单操作便能查询与自身情况相匹配的政策配套状况，做到政策解读更科学、政策落实更高效。

（五）形式多样，不断活跃人才队伍

一是加快推进“高层次人才俱乐部”建设。以高标准建设松山湖人才俱乐部，引入健身房、书吧、咖啡馆、红酒品赏等服务，定期举办各类活动及座谈会等，聚集各类高层次人才，

活跃人才交流氛围，提高人才凝聚力。二是开展人才学习交流活动。举办高层次人才创新创业专题讲座，组织园区重点企业人力资源负责人外出学习先进地区和企业的人力资源管理经验，提升人才在创业、管理等方面的能力。

围绕转型升级需要 不断加快人才引育

——2017 年东城街道人才工作总结及 2018 年人才工作计划

近年来，东城始终把人才战略放在突出位置来统筹考虑，致力于打造创新创业高地、人才集聚洼地。党的十九大已圆满闭幕，十九大报告提出了人才强国战略，强调了人才的重要性。围绕党的十九大精神，东城立足新时代、对照新要求，对街道人才工作情况进行了调研分析，现将有关情况报告如下：

一、2017 年人才工作及成效

东城街道紧紧围绕转型升级发展需要，不断优化环境、完善制度、搭建平台，加快人才队伍的引进和培养，为东城经济社会发展提供了有力的人才智力支撑。

（一）人才环境不断优化

优越的环境是吸引人才的关键因素。东城把人才工作与促进城市转型升级结合起来，重点优化人才生活环境、服务环境、发展环境，满足人才安居乐业的需求。

其中，在优化人才服务环境方面，根据 2016 年出台的《东城街道企业自评人才入户工作方案》，帮助街道 77 家企业成功申请了213个入户名额，其中76人已入户。在公共服务供给方面，先后建成莞师附小、虎英小学等公办学校，逐年增加公办学位供给量，2017年已为各类企业人才子女共210人办理入学。

（二）人才政策逐步健全

通过大力实施原有人才政策以及不断健全激励机制、加强政策引导，为引进和留住人才提供了制度保障。

东城街道大力推广出台的《东城街道促进就业创业奖励办法》政策，各项奖励补贴已于2016年7月1日开始受理。截至2017年11月底，街道已向3115人次核发各项补贴约420万元。2017年10月，为培育创新企业、建设创新载体、引进创新人才、奖励创新成果，增强东城在广深科技创新走廊的影响力，街道出台《东城街道关于促进街道创新驱动发展的扶持办法（试行）》，为街道进一步招才引智打造人才沃土奠定了基础。

（三）引才渠道逐步拓宽

为突破街道经济社会转型升级亟须提升人才层次、扩大人才队伍规模等“瓶颈”，东城从三个方面着力引智育才。

一是以培育为手段，着力建强党政人才。党政管理人才是社会大局稳定和经济社会发展的组织者和推动者。结合东城发展需要，街道坚持提高党政人才准入门槛，新招聘人才全部要求具有全日制本科及以上学历，部分岗位要求毕业于“一本”院校或具有研究生学历，从源头抓素质提升。同时，全面开展党政人才能力素质培训，通过年轻干部军训、“双向挂职”、上市跟岗锻炼，新任职干部信访挂职等方式，进一步提升党政人才队综合素质和服务能力水平。

二是通过“筑巢聚凤”方式培育创新团队人才。街道通过建立产学研机构和创新创业平台，为人才提供创新创业空间。街道依托跨境电商中心园区、中云智慧产业园、360 互联网产业园等一批多元化创新平台，以及 27 个省市级企业研发中心、工程中心、重点实验室等机构，为引进和培育科研人才提供了优质平台，吸引了大批人才前来东城干事创业。目前，街道共有特色人才 10 名，占全市特色人才总量的 6.4%，位居全市第三。

三是通过搭建平台形式引进“千人计划”专家。2017 年以来，街道通过积极承办海外专家南粤行暨“千人计划”专家东莞行、主办“千人计划”专家东城行等活动，以园区推介、实地考察、路演交流等形式，推介东城创新创业环境，推动企业人才资源对接，促进各方达成合作目标。通过努力，2017 年 12 月 6 日，东城在市高层次人才活动周的东莞创新创业环境推介会中，成功与 2 名“千人计划”专家签订了意向落地协议，实现东城引进“千人计划”专家零的突破。

二、2018 年人才工作安排

围绕新时代“人才强国”的新要求，东城街道将深入贯彻落实党的十九大精神，满怀对人才的感激之情，一如既往地为人才创新创业、安居乐业创造条件、做好服务，并以打造“四个平台”为抓手，着力将东城建设成为海内外高层次人才实现价值的舞台、奉献社会的热土、美好生活的家园。结合街道人才工作实际，提出以下几方面人才工作计划。

（一）以发展为牵引，搭建创新平台，发挥载体聚才育才新功能

坚持以需求为动力，聚焦重点产业，通过“两手抓”引进高精尖人才。

一手抓加快发展动能转换，以重点产业汇聚人才。围绕推进供给侧结构性改革的发展思路，着力优化产业结构，实施“产业引培”共建战略，积极对接市委、市政府有关新兴产业的“引领计划”、有关技术攻关的“攀登计划”、有关成果转化的“玉兰计划”等创新驱动行动计划，争取各类高端技术成果项目和新兴产业项目落户东城，加快形成以创新为主要引领和支撑的经济体系和发展模式，以新产业、新技术汇聚高端人才。

一手抓加快创新载体建设，以科研项目成就人才。围绕重点发展产业领域，推动街道有关职能部门与国内外一流高校、科研团队、领军型企业合作，共建“旗峰实验室”，打造一批创新科研机构。同时，强化科技产业基地载体作用，集成各类资源参与高新科技园区、科研创新平台等创新创业载体建设，在政策层面打通产学研合作渠道，加快实现科研成果转化，让人才价值得到充分发挥和实现。

（二）以培育为手段，搭建创投平台，激发创新创业市场新活力

东城街道在积极发挥政府对引进人才的直接引导和推动作用之外，还需注重通过“三结合”来发挥社会和市场在引进高

层次人才和科研团队中的作用。

一是招商与招才相结合，打造人才发展工作“一盘棋”。在重点产业规划、高科技企业数量提升、实施“倍增计划”等方面充分考虑人才布局因素，以设立“人才专项资金”等形式加大人才投入，实现“招商引资”与“招才引智”有机结合。

二是科技与金融相结合，打造创新创业投资新高地。探索建立集政策、产品、中介、信息服务于一体的科技金融服务平台，通过建立多层次资本市场，为高科技企业、创新创业人才搭建良好的融资平台，解决高层次人才创新创业融资问题。

三是政府与中介相结合，打造人才创新创业生态圈。街道借助“‘千人计划’南方创业服务中心”的中介作用，为企业与人才牵线搭桥、搭建交流合作平台，利用“人才＋项目”抱团落户的模式，有效发挥了政府和服务中介在共同推进引才工作中的作用。在未来工作中，街道需要进一步激发市场对人才的需求，探索建立“海创千人（东莞）创新创业服务平台”，借助东莞德国中心人才服务平台，促进人才与科研机构、创投机构、高新技术企业等的交流对接，为人才、项目、资本、企业、园区等多方的对接搭建桥梁。

（三）以保障为基础，搭建环境平台，增强创新创业城市新魅力

有别于“招商引资”立竿见影的效果，“招才引智”是一项前瞻性工作，它的实效发挥需要一定的周期，因此东城街道将坚持提升人才发展环境，通过“三坚持”，“栽好梧桐树，引得凤来栖”。

一是坚持优化人才政策体系。目前街道已制定了促进创业就业和创新驱动发展等相关人才政策，接下来将在坚持推广好、实施好《东城街道促进就业创业奖励办法》《东城街道关于促进街道创新驱动发展的扶持办法（试行）》等政策的基础上，加快出台《旗峰星光行动计划》《东城街道引进高层次人才奖励办法》等专项政策及配套细则，鼓励创新型人才、高层次人才带项目、带技术、带资金在东城创新创业。

二是坚持打造人才安居工程。合理制定立新横岭人才公寓管理办法，加快启动立新人才公寓分配工作，逐步解决人才安居问题。加快推动智汇谷 1 号人才公寓建设落地，充分利用街道闲置资源，将旧物业资源改造升级，将其建成科技研发、跨境电商、文化创意等现代产业聚集的园区基地，以“聚凤筑巢”的方式在园区配套优质人才公寓，确保园区内“5 +5”现代化产业人才实现安居乐业。探索开发青年人才公寓项目，按照“环境宜居、交通便捷、功能配套、美观实用”的原则，多渠道筹集人才住房房源，着力解决潜力型青年人才安居需求。

三是坚持完善人才服务链条。坚持落实挂点联系高层次人才制度，了解人才诉求，及时解决人才扎根东城的后顾之忧。进一步提升行政服务效率，结合“三规合一”改革、“智慧城市”试点、“网上政务”平台等工作，为人才提高创新创业效率和速度。

（四）以宣传为抓手，搭建活动平台，强化人才品牌活动新效应

人才是经济社会发展的第一资源，要用好人才这一“第一

资源”，东城街道将通过“三聚焦”来全力打造和广泛宣传国际化招才引智的“东城品牌”。

一是聚焦亮点，举办品牌宣传活动。着力实现品牌活动举办常态化。把“‘千人计划’专家东城行”“人才活动周”“创新项目主题路演”“海创培训班”等品牌性交流活动常态化，注重活动举办周期的连续性、稳定性，并建立活动专题网站，加大对外宣传力度。

二是聚焦重点，加大政策宣讲力度。举办“政策进企业”活动，编制东城人才政策解读指南，通过线上线下专题推送，深入重点企业开展政策宣讲，扩大东城人才政策知晓度，提升人才政策应用实效。

三是聚焦焦点，注重成效宣传推广。以高层次人才为焦点，加大对高端人才创新创业事迹的宣传力度，对人才创新成果、创业成效进行跟踪报道，形成持续的宣传效应和高精尖人才的示范效应，营造全街道创新创业良好氛围。

人才是实现民族振兴、赢得区域竞争主动的战略资源。通过探索搭建系列平台，力争把东城建设成为人才实现价值的新高地、人才创新创业的大舞台，让各类人才为东城创新驱动注入强劲动力和澎湃活力。

实施“人才强镇”战略
推动人才与经济社会发展深度融合

——2017 年大朗镇人才工作总结及 2018 年人才工作计划

2017 年，大朗镇紧紧围绕市委对人才工作的部署，大力推进“人才强镇”发展战略，做到“五个狠抓”，推动人才与经济社会发展深度融合，为把大朗镇建设成为中部核心城镇提供了智力支持和人才保障，为大朗镇在更高起点实现更高水平发展作出了贡献。

一、2017 年工作情况

（一）狠抓政策落地，增添新优势

一是强化政策引领导向。制定镇一级“倍增计划”行动方案，从政策、产业、土地、人才、资本等五个要素对企业进行供给，匹配“市二十条”扶持事项，并由镇财政每年安排 3000 万元用于扶持倍增企业；紧扣研发政策，通过政策的鼓励和约束，引领、推进、强化，调动企业加大研发投入的主动性，使企业研发投入持续增长。

二是加大资金扶持力度。鼓励企业进行技术创新，全面贯

彻落实国家、省、市有关资金扶持政策，积极组织和协助企业做好申报材料整理、报送等工作。2017 年，共组织企业申报各类项目（资金）补助 14 次，企业实际获专项资金近 1000 万元。

三是推动科技项目申报。2017 年，共组织企业申报各类科技项目 15 项，获公示项目 3 个，获推荐申报省级项目 2 个。各类科技（专利）项目获批市认定 4 项，合计奖励 640 万元。

四是做强做大重点企业。大力培育上市企业和上市后备企业。2017 年，新增春夏新材料、兆丰环保 2 家企业成功挂牌新三板，全镇挂牌新三板企业达 9 家，新增盛雄激光、利美实业、厚威包装和雅励新材料等 4 家上市后备企业，全镇上市后备企业达 6 家。深入实施高新技术企业“树标提质”行动和“育苗造林”行动计划。2017 年，共组织 126 家科技型企业申报国家高新技术企业认定，其中安德丰、迈科、塔菲尔等 81 家企业获认定国家高新技术企业。目前大朗镇共有高新技术企业 141 家。

五是强化政策宣传工作。持续做好政策宣传解读工作，推动各项政策有效落实。围绕“倍增计划”系列政策，组织近 200 家企业参加“倍增计划”政策宣讲、莞商学院政策宣讲等系列活动，积极为试点企业提供政策咨询服务。同时，做好人才就业补贴、条件准入类人才入户、申领个人所得税和住房补助等相关政策的宣传工作，增强政策吸引力，推动各项政策落地。

六是推进人才入户工作。2017 年，受理积分入户申请 608 份，发放积分入户卡 553 份，共有 1471 人（含随迁）入户大朗镇。全镇新莞人积分入学网上申请3748份，现场确认积分入学申请2640份，公示后录取公办学位708人，其中小学550人、初中121人。受理条件准入户391人，受理自评人才入户1人，受理职称认定62人，为58名港澳台人员办理在莞就业许可申请，促进人才扎根大朗。

（二）狠抓服务升级，增添新动力

一是落实就业补贴。2017年，全镇共4035人次申领“十三五”就业补贴合计428.48万元。其中，申请工资差额补贴3627人次，涉及金额348.66万元；申请大中专生岗位津贴205人次，涉及金额41.00万元；申请自主参训补贴201人次，涉及金额36.08万元。另外，申请大朗镇大学生就业补贴171人，涉及金额107.40万元。确保专款专用，保证“十三五”就业补贴惠民利民。

二是培养高技能人才。协助广东以诺通讯有限公司成功申报技师工作站。同时，积极响应“首席技师”培养计划，推荐广东以诺通讯有限公司等3家企业共4人申报“首席技师”。经过资格初审、专家评审、初步确定入选名单和审定批准程序，4人均获得东莞市“首席技师”荣誉称号。

三是优化窗口服务。依托镇人力资源分局开通高校毕业生登记窗口，提供高校毕业生就业创业咨询、就业推荐、求职登记、报到办理等服务。同时，结合基层党建标准化建设，在镇行政服务中心和各社区（村）建立综合服务中心，为广大群众和人才提供“一站式”便利服务。

四是拓宽信息渠道。依托“荔香大朗”政务微博微信、短信通、招聘长廊、宣传栏、LED 屏等平台媒介定期公布招聘信息，长期为企业和求职者提供招聘和求职服务，累计发布 44 期招聘信息，提供 40889 个工作岗位，有效促进就业。

五是实施就业培训。组织举办了 1 期高校毕业生就业培训班、2 期高校毕业生创业培训班，吸引超过 500 人次户籍毕业生参加，引导毕业生树立正确的就业创业观念，提高就业能力。2017 年，大朗镇共有应届高校毕业生 575 人（其中研究生 9 人、本科 261 人、大专 305 人），初次就业率达 100% 。

六是浓厚就业氛围。组织举办了 6 期招聘会，现场与招聘企业达成就业意向求职人员达 600 人次，共为 169 名求职者提供就业服务，共派发各类宣传资料 3140 份。举办大学生暑期社会实践活动，组织全镇 1300 多名大学生参与岗位实践锻炼等活动近 20 项。

（三）狠抓平台创新，增添新特色

一是优化政企合作平台。提升人才环境，积极实施城市品质三年提升计划，打造缤纷彩色路和“星光大道”，提升城市魅力形象。推动松柏朗、大井头社区人才公寓建设。设立创新驱动基金、毛织管委会等平台，累计投入超 1 亿元支持创新。强化人才招引，积极协办海外专家南粤行暨“千人计划”专家东莞行活动，向 100 多名高层次人才推介大朗创新创业环境，并组织近 30 家重点企业与专家人才对接交流，大朗镇成功与 2 名“千人计划”专家签订意向落地协议。

二是优化校企合作平台。积极推动企业与国内外尤其是松山湖高等院校、科研院所开展产学研合作，加速企业、高校、科研机构“优势叠加”。2017 年，我镇 13 家企业与国内外高校院所等开展了产学研合作，涉及新材料、电子信息、新能源与节能、先进制造等技术领域，以校企合作引进人才智力资源。其中，塔菲尔公司成功引进以“国家杰青”、中组部“万人计划”首批青年拔尖人才郭玉国博士为项目带头人的高能量密度硅基动力电池的研发与产业化创新团队，并成功获批市第四批创新科研团队。目前，大朗镇有 1 家省引进创新科研团队、3 家市引进创新科研团队。

三是优化科普教育平台。大朗镇现有省科普社区 2 个、省科普教育基地 1 个、市科普标兵社区 2 个、市科普社区 4 个、市科普标兵学校 4 所、市科普教育基地 2 个、市院士工作站 1 个。以科普基础设施建设为抓手，充分发挥科普阵地优势，浓厚科普工作氛围。协助和指导大朗镇中心小学、三星小学、崇文小学做好“东莞市科普标兵学校”综合复评工作，不断完善科普基础设施建设。

四是优化电子商务平台。推动毛织企业做好阿里巴巴“淘工厂”，积极组织企业参加线上、线下活动，并以“双十一”“双十二”、织交会等活动为契机，推动本地毛织企业线上接单。“双十一”当天，全镇电商企业销售总额近 10 亿元，同比增长 30%。组织镇内毛织企业以“大朗毛织”整体形象参展中国加工贸易博览会，设置近 400 平方米“大朗毛织”品牌特装馆，充分展示大朗毛织从加工贸易到创建自主品牌的历程。展会期间，通过线下参展、线上接单等方式，帮助企业推广网上品牌。2017 年以来，组织企业参加平台推介会、跨境电商论坛、峰会、培训交流活动等累计超过 20 场，参与人数近 3000 人次。

（四）狠抓人才培养，增添新活力

一是实施大培训工程。2017 年以来，组织 200 多名社区（村）“两委”干部参加东莞市社区（村）党组织书记学习论坛暨“两学一做”学习教育专题党课，对新一届社区（村）“两委”干部进行培训，增强新一届社区（村）“两委”班子的履职能力。8 月底，分 2 期组织“两新”党组织书记、业务骨干到浙江大学培训，更新“两新”党务骨干的知识体系。9 月初，分 2 批组织 100 余名党员领导干部作为东莞首批党员领导干部，到对口帮扶的云南昭通扎西干部学院开展党性教育培训，以理论学习和实践教育相结合的形式，进一步提升领导干部的综合素质。11 月上旬，邀请省委党校专家教授到大朗镇开展 3 期学习贯彻“十九大精神”专题培训班，参加培训干部达 1200 人次，进一步强化了大朗镇广大干部的党性意识。

二是坚持干部轮岗锻炼。积极推进机关单位中层干部、社区（村）干部轮岗锻炼。新录用公务员、新任副股级干部，统一安排到镇党政办、信访办、“阳光雨”党群服务中心等部门挂职轮岗锻炼 3 个月，提高新晋干部解决实际问题能力。2017 年以来，共安排 6 名新晋人员轮岗锻炼。

（五）狠抓制度执行，增添新作为

一是狠抓镇领导班子成员挂点联系重点企业、高层次人才制度落实。扎实开展市镇领导干部联系服务重点企业、人才工作，结合“千干扶千企”“倍增计划”行动相关要求，组织领导班子走访镇重点企业 30 余次，收集企业问题 72 个，涉及土地、教育、资金等十多个方面，其中土地问题 26 个、教育问题14个、资金问题10个。积极做好企业高层次人才子女入学工作，安排50家企业共102名子女入学。

二是狠抓领导干部联系高层次人才工作制度落实。牢固树立“人才资源是第一资源”的观念，进一步重视人才、服务人才、团结人才，增强人才的归属感，激发人才创业激情。2017年以来，全镇累计联系高层次人才近300人次。7月12日上午，部分市领导先后走访了迈科新能源有限公司和德尔能新能源股份有限公司，了解各企业现状、发展规划和发展难题，认真聆听了高层次人才联系对象黄云辉、康龙云在工作、科研、经营、学习和生活中遇到的困难与问题以及建议等。

二、2018年工作计划

2018年是贯彻党的十九大精神的开局之年，是决胜全面建成小康社会、实施“十三五”规划承上启下的关键一年。大朗镇将围绕各项人才重点工作，在抓好人才工作上下功夫，为推动大朗更好更快发展装上智力引擎。

（一）创新党管人才机制

坚持党管人才原则，增强党的政治引领、政治吸纳和统筹协调，大力实施和推进“人才强镇”战略。结合大朗发展需求，统筹抓好柔性引进高层次人才和刚性培养本土人才工作，有序组织各类人才培训培养、选拔评比工作，进一步加大体制机制创新力度，实行更加积极、更加开放、更加有效的人才政策，以识才的慧眼、爱才的诚意、用才的胆识、容才的雅量、聚才的良方，把各方面优秀人才集聚到推动大朗实现高水平发展的实践中来。

（二）优化招才引资体系

建设中子科学城是大朗镇未来发展的重要一环，也是落实党的十九大报告中创新驱动发展以及建设粤港澳大湾区的工作要求。大朗镇将以建设中子科学城作为实施创新驱动发展、松山湖片区统筹组团发展的依托，围绕与中国科学院高能物理研究所等单位共建大朗镇先进技术研究院的工作要求，招引与中子源相关的高质量的科技创新项目和人才团队，力争在招才引智方面有所突破。

（三）强化人才服务保障

切实加强镇领导联系高层次人才工作，开展人才政策和成果宣传活动，切实解决高层次人才提出的困难和问题。持续做好人才入户工作，借助人才驿站等服务平台，探索提供更加便捷化的服务，方便人才落户大朗。紧抓教学教育质量不放松，通过购买学位等形式，满足人才子女就学需求，以优质教育资源留住人才。加强与东莞理工学院、东莞市电子商务学校开展人才定向培训合作，结合产业特色，培养毛织、电商等行业人才。鼓励企业针对“产研结合”，加快引进高层次人才。优化人才安居体系，加快推动大井头、松柏朗人才公寓建设，打造人才社区。

（四）推动重点产业企业人才供给倍增

持续深入推进大朗镇“倍增计划”行动方案，推动大朗镇40家“倍增计划”试点企业人才供给倍增，保障企业人才子女入学指标。充分挖掘现有的工业机器人智能装备企业人力资源，形成核心人才团队，同时大力引进外部高端人才，加强开放合作，优先发展大朗工业机器人智能装备人才资源圈。深入实施高层次人才引进计划，结合2017年协办海外高层次人才、“千人计划”专家东莞行活动，继续与北京智汇邦公司合作，力争引进一批高层次人才。

突出人才招引工作 加速区域集聚发展

——2017 年道滘镇人才工作总结及 2018 年人才工作计划

一、2017 年人才工作总结

2017 年，道滘镇把握经济结构调整和产业转型升级的重要机遇，按照市“创业之路”重要节点、水乡新兴产业集聚区重要组成部分、水乡综合创新中心的发展定位，围绕打造“创新节点、和美水乡”战略目标，科学提出建设区域性创新中心、专业化交易中心、复合型旅游中心“三个中心”发展思路，加快实施招产引资、招商引贸、招企引客“三大行动”，大力发展以新材料、新装备、新硬件、新能源、新医药、新业态为特色和优势的“六新”产业，加大人才招引集聚，努力完善人才政策，优化人才服务，为经济社会发展提供强有力的人才支撑。

2017 年，道滘镇成功承办“千人计划”专家东莞行活动；全年共引进20 名高端人才，其中东莞特色一类人才 1 名、创业领军人才 1 名、硕士 18 名；出台了《道滘镇经济顾问管理暂行办法》和《道滘镇吸引高层次人才奖励办法》，深化打造“道 + ”人才公寓品牌，建成并投入使用人才公寓 3 座，可容纳500多名中高端人才入住；累计培育高科技企业41家，总量排名水乡“十镇一港”第三；累计培育上市企业2家、“新三板”企业11家，“新三板”企业数量排名全市第五；46家工业企业自建研发机构，国立科技成功认定广东省工程技术研究中心，银禧和雄林公司建成省级院士工作站。

（一）加强人才环境建设，打造施展才华的良好平台

以“三个优化”为抓手，逐步加强人才环境建设，加速高层次人才集聚。

一是优化政策环境。在用足用活东莞市各项吸引人才的优惠政策的同时，2017年，结合道滘镇实际，在道滘镇原有的《道滘镇人才公寓建设扶持办法（试行）》《东莞市道滘镇中央“千人计划”专家配套资助实施办法（试行）》《道滘镇加强“科技道滘”工程专项资金扶持政策的工作意见（试行）》等人才政策体系基础上进一步补充和完善，新制定出台了《道滘镇经济顾问管理暂行办法》，聘请首批16名高层次专业人才担任经济顾问，为镇委、镇政府科学决策以及经济发展提供智力支撑。同时，根据实际工作需求，有针对性地对《道滘镇吸引高层次人才奖励办法》进行修订，为人才创新创业、住房、入户、医疗、社保、子女入学等方面提供全方位的配套扶持服务，营造干事留人的良好环境。

二是优化营商环境。明确“创新节点、和美水乡”的发展定位，以“六新”产业为主导，依托良好的区位优势、完备的创新配套，全力打造区域性创新中心、专业化交易中心和复合型旅游中心，吸引更多符合道滘镇产业发展需求的创新创业人

才前来道滘镇施展才华。同时，深化推广集群注册、商务托管、“一证一码”改革，为优质项目的落地提供高效、便捷的服务，促进项目集聚落户，加速人才汇集。

三是优化发展平台。大力推进产业研究院、科技孵化器、高新技术企业“三位一体”发展平台建设，为高精尖人才提供施展才华的广阔舞台。牵头成立道睿石墨烯、顺道智能制造、同道军民融合等一批研究院以及广东省激光产业技术创新联盟、市新兴产业发展促进会，为创新创业人才提供办公、研发、设计、融资等综合服务。大力引进和培育各类产业孵化器、众创空间和综合服务商，推动华科城·创新岛产业孵化园创建为市级科技企业孵化器，建成创新岛1号和2号，成功筹建智能制造、环境检测、石墨烯、大健康、新材料等技术创新公共平台。

（二）完善人才服务机制，创造安心扎根的良好环境

以“三个加强”为手段，不断完善人才服务机制，做好人才保障管理工作。

一是加强人才住房保障。为切实解决好道滘镇引进的高层次人才的住房问题和优化人才生活居住环境、构建人才集群与产业集群相互促进的良好局面，积极发展、集中承接相关人才的公寓。根据道滘镇引进人才规划、产业布局发展和科技孵化器建设情况，结合道滘镇转型升级、招商引资和“三旧”改造工作，出台《道滘镇人才公寓建设扶持办法》，着力打造“道+”公寓品牌，建设文一人才公寓、百代人才公寓和道滘人才公寓等一批集商业、办公、住宅于一体的能容纳约500名人才

入住的商务公寓，为人才提供优质的居住环境。

二是加强人才服务水平。根据《关于下达市创新驱动发展考核工作中新增硕士、博士数量目标任务的通知》的工作部署，立刻组织镇人力资源局、经济科技信息局、商务局组建专项工作小组，全面走访联系相关企业，全面排查摸清道滘镇硕士、博士人员情况，并由分管人才工作的镇委委员、镇人力资源局局长、科技办主任等专人对接联系企业，宣传市、镇相关人才政策，积极引进硕士、博士人才，协助他们将人事档案关系转入道滘镇。截至目前，道滘镇共引进20名高端人才。持续落实镇领导干部联系服务高层次人才工作制度。镇领导班子成员加强与高层次人才的沟通联系，深入了解他们的心声及需求，想方设法创造条件解决实际问题，落实好人才前来创新创业的各项服务保障。同时，及时落实好人才政策的申报跟踪服务工作，确保在道滘镇创新创业的人才能够充分享受有关政策保障。

三是加强城市品质提升工作。道滘镇紧紧围绕城市品质提升"一治三建六优化"的核心任务，以综合治理水环境、建设城市亮点工程、建设美丽幸福村居、建设科技创新走廊、优化城市规划布局、优化城市产业结构、优化城市交通路网、优化中心城区形象、优化公共设施配套、优化城市管理机制等领域为重点，建立"三年提升计划"工作体系，完善城市建设项目统筹平台和实施机制，把道滘打造成为承载能力较强、文化内涵丰富、城市特色鲜明、宜居宜业宜游的岭南水乡文化名镇，努力创造优质的生活环境，吸引更多人才到道滘落地生根。

（三）搭建人才交流平台，营造创新创业的良好氛围

以“三个注重”为途径，全面搭建创新创业平台，加速人才的交流学习、培养提升。

一是注重开展产学研合作。为充分发挥各类院校的学术、技术和人才优势，进一步促进自主创业创新能力的提升，道滘镇与香港理工大学电子科大研究院、同济大学研究院、深圳先进技术研究院等洽谈对接，寻求在新硬件、新能源、新医药等产业领域有所突破，并积极推动镇内科技企业，包括雄林、银禧科技、瑞星公司、力顺源公司、洲亮公司等十多家企业分别与清华大学、四川大学、华南农业大学等高校院所实施产学研合作，深化人才互动交流。

二是注重人才交流宣传。积极承办 2017 年“千人计划”专家东莞行活动，主动组织企业、人才参与道滘镇相关人才活动周活动，承办全国创新创业大赛，并结合道滘镇“六新”产业发展规划，通过宣传交流，吸引创新创业团队、高层次人才等前来道滘投资。同时，为培养各类人才的创新精神、激发创新热情、营造良好的创新创业氛围，积极举行“电商风暴”青年创业大赛、大学生创新创业培训班、道滘镇“互联网 +”青年创业导航培训班等系列活动，通过各种创新创业的学习、实践平台，进一步培养创业意识、储备创业知识、锻炼创业技能。

三是注重“高精尖缺”导向。充分发挥“千人计划”人才创业基地与服务中心的作用，突出“高精尖缺”导向，围绕华科孵化器、激光装备产业园，以激光装备、石墨烯、生物科

技等公共平台为支撑，打造创新集聚区；加强银禧、雄林、国立等龙头企业集聚联动作用，构建新材料集群；加速大量具备先进性、前瞻性、创新性、高端性的企业、项目和人才落户道滘。

二、2018 年人才工作计划

道滘镇产业布局的提升、创新驱动能力的逐步增强、人才政策体系的逐步完善、人才公寓的配套支持、城市品质的提升等，在大大改善了道滘镇创新创业环境的同时，也对道滘镇的人才工作提出了更高的要求。2018 年，道滘镇将突出抓好以下几点人才工作：

（一）突出抓好人才招引培育工作，加速人才集聚发展

加大道滘镇创新创业环境的宣传推介工作，加大人才招引力度，积极承办、参加各类高层次人才活动，积极与高层次人才开展对接联系，积极开展各类创新创业培训和竞赛活动，强化校企合作工作，建立促进人才引进、合理配置与开发利用的有效机制，努力探索建立企业与人才之间的供需平台，努力营造爱才、尊才、惜才的社会环境。突出发挥“三个中心”、“千人计划”专家创业基地等的集聚作用，推进高层次人才的集聚发展。

（二）突出抓好人才服务管理工作，努力打造人才高地

进一步优化人才服务管理工作，建立健全人才服务管理工作制度，落实好相关职能部门人才工作的职责，加强沟通联

系，形成人才工作合力，努力提升道滘镇人才工作队伍的水平和业务能力，注重抓好人才信息的收集整理，建立健全道滘镇的人才信息库，努力实现人才信息的定期更新和动态跟踪服务。持续深入开展领导干部联系工作机制，畅通人才联系渠道，及时收集、处理人才各方面的需求。

（三）突出抓好人才环境优化工作，提升人才吸引力

针对道滘镇目前人才创业城市配套设施不齐全、人才生活公共服务不强和人才创新产业层次不高等问题，着力于全面优化人才的工作环境、生活环境、交流环境、创业环境、政策环境，特别是政策环境。道滘镇将根据实际工作需要和企业需求，有针对性地对《道滘镇人才公寓建设扶持办法》《道滘镇中央“千人计划”专家配套资助实施办法》《道滘镇吸引高层次人才奖励办法》等人才政策进行修订。

以平台搭建为契机 不断增强人才吸引力

——2017 年常平镇人才工作总结及 2018 年人才工作计划

一年来，在市委组织部精心指导和镇委、镇政府的正确领导下，在全镇人才工作领导小组成员单位的积极配合下，常平镇全面树立和落实科学发展观，坚持以人为本，积极推进“人才强镇”战略，顺利完成了上级部门及镇委部署的各项任务，为城市品质提升提供了人才保证和智力支持。

一、2017 年工作情况及成效

（一）以人才队伍建设为抓手，不断提高人才队伍的素质

1．人才队伍不断壮大

据不完全统计，截至 2017 年 12 月，常平镇拥有大专以上学历人才 12630 人（本地高校毕业生 6365 人），其中博士 12 人、硕士 177 人、学士 3372 人。企业从业人员中，拥有高级职称的 25 人，拥有副高职称的 45 人，拥有中级职称的 230 人，拥有助理职称的 385 人。常平镇科技型企业吸纳的高层次人才越来越多，先后引进东莞市特色人才 3 名、市级创新创业领军

人才3名，共8人入选企业“首席技师”。2017年，常平镇东莞勤上光电股份有限公司张政宽同志、胡小斌同志，快捷达通信设备（东莞）有限公司黎国新同志，东莞环球经典新型材料有限公司郭栋同志等4名同志被认定为企业“首席技师”。

2. 吸引人才落户常平

严格执行《东莞市人才入户管理办法》《东莞市条件准入类人才入户实施细则》和《东莞市积分制人才入户实施细则》等文件，明确人才入户办理流程，优化办事程序，规范资料提交，确保政策实施到位。2017年，常平镇受理东莞市人才入户材料1428份，发放人才入户卡1376张。一方面，通过降低入户门槛，不拘一格降人才，不断优化常平镇技术类人才队伍；另一方面，借助企业“倍增计划”，配置人才要素。通过引进优质人才、留住骨干人才、实施企业家培育工程和企业骨干提升工程、保障教育资源等措施，夯实高端发展根基。

3. 以项目招引人才

常平国际创新港主要引进公共科技服务平台、科技企业孵化器、高新技术企业、生产性服务业四大类功能载体。目前，绿圃国际空间站、车库咖啡、创客邦、弈投孵化器、北科产学研基地等9家科技企业孵化服务机构落户创新港，孵化面积达8.5万平方米。

4. 注重培养本地人才

2017年以来，常平镇共为682名应届高校毕业生办理报到手续，积极对常平镇高校毕业生企业就业岗位津贴等补贴项目政策进行宣传。2017年，发放常平镇企业就业岗位补贴49.8万元，惠及高校毕业生58人次。开办了2期毕业生就业创业指导培训班，邀请市中心人才市场优秀讲师为毕业生进行培训。

（二）以搭建平台为抓手，不断增强招引人才吸引力

1．创新人才交流平台

邀请了镇科技、医疗、文化、教育等领域人才代表参加人才工作座谈会，就常平镇如何做好人才工作，如何招引人才、留住人才和培育人才等问题进行深入探讨，建言献策。同时，作为全市首创，连续3年举办科技企业专场交响音乐会，邀请1000多名高技能人才观赏“科技之春”交响音乐会等，在全镇营造了重视人才、服务人才的良好氛围。

2．强化科研平台的创建

目前，常平镇已建成勤上光电、宝丽美化工、华立实业等3个博士后工作站，先后引进博士后研究人员9名，开展科研项目9个。目前，共建成龙昌科技、天盛生物等2个院士工作站，引进研究人员7名。

3．加快产学研协同创新

联合上海交通大学、上海海事大学、上海第二工业大学共建上海高校产学研合作中心；联合绿圃国际空间站、弈投孵化器分别打造“中美创新孵化育成平台”“全球青年创业驿站”等海外创新平台。

（三）以建立机制为抓手，不断提升人才服务水平

1．扩大人才工作覆盖面

制定了《常平镇领导班子成员联系高层次人才活动方案》，明确每名领导班子成员联系2名高层次人才，通过搭建领导干部与人才的“点对点”联系沟通桥梁，听取并收集人才的意见

和建议，帮助解决人才关心关注的难题，充分调动各类高层次人才的积极性和创造性，助推“倍增计划”。2017 年 7 月，开展了“强化人才支撑 助推倍增发展”主题走访活动，19 位镇领导先后走访了 30 家企业的 38 位高层次人才，全年走访达 82 次。

2. 优化人才配套政策

出台了《常平镇高校毕业生创业场地租金补贴办法》《常平镇户籍高校毕业生就业岗位奖励实施办法》等地方性人才政策，对高校毕业生就业、创业给予特殊的优惠政策和支持。在国际创新港开展人才安居项目，通过升级改造，建成北科众创空间和车库咖啡11 号创客公寓，提供216 套人才公寓，让人才安居、安心、安业。

3. 创新人才服务项目

为让高层次人才切实感受到镇委、镇政府的关怀，2017 年以来，积极协助常平镇具有中级职称的科技人员申请健康检查，共有 92 名科技工作者享受到这一优惠政策。为加强对常平镇青年科技人才的培养，2017 年以来，认真发动企业报名，全面筛查出常平镇符合资助条件的人才 11 名，协助他们在晋升高级专业技术职称后，申请青年科技人才资助。

二、2018 年工作计划

2018 年，常平镇将按照国家、省、市的要求，补短板、促提升，着力完善人才管理制度机制，突出抓好人才培训工作，积极拓展引智渠道，更好地实现与人才的互动交流，凝聚推进常平创新发展的智慧力量，开创人才工作新局面。

（一）成立人才交流俱乐部

深入落实镇领导干部联系高层次人才制度，建立高级人才库，畅通高层次人才参政议政渠道，充分发挥人才在党委政府重大决策咨询中的作用，形成人才发展“智库”。组织镇领导干部、镇内优秀企业家、高新技术人员、专业技术人员等组成高层次人才俱乐部，每季度举行例行活动，促进各方信息交流和协作配合。推动“科技之春”音乐会、创客交流会等活动常态化。

（二）细化人才发展政策

进一步梳理市新出台的人才发展政策，针对常平的人才实际，制定高层次人才创业奖励、居留落户、住房优惠、医疗社保、子女入学等方面的实施细则，形成相配套的工作措施，推动政策真正落地。同时，根据人才竞争中出现的新情况、新问题，主动作出适应性调整，超前研究和适时出台相应的人才政策，创新研究引进港澳台人才创新创业实施办法，促进常平镇更好地承接海峡两岸及港澳地区人才资源和创新资源转移，打造人才竞争的核心优势。

（三）建好人才发展载体

扶持众创空间发展，对各类众创空间给予场地、启动资金及配套扶持，重点打造绿圃国际空间站、车库咖啡、洪泰创新空间、极地国际创新中心等，吸引创新创业人才的到来。加快新型研发机构和孵化器建设，积极引入国家级工程中心，深化与高校、科研院所的产学研合作，重点建设好弈投孵化器（常平）、广东北科产学研基地、常平国际创新港、常平智创产业园等，通过设立新型研发机构，引进创新团队和专业化人才。

（四）加大人才发展投入

设立创业投资引导基金，建立以政府创业投资母基金为引导、民间资本参与为主体、银行风险共担为保障的融资模式，吸引、鼓励社会资金投向科技创新领域。重点联合盛景网联（盛景嘉成母基金）、深圳商弈投资、深港产学研基地等机构共建创投基金，为人才创新创业提供启动资金。完善人才公寓和创客公寓的建设和补贴机制。

（五）做好培育引进工作

积极引进高校、职业技术学校在常平镇设立培训基地，采取校企合作、“订单”培训等多种方式，推进职业教育、继续教育及劳动力转移培训。通过东莞海智基地常平工作站主动与海外科技团体及科技工作者建立经常、密切的联系，建立海外人才库，组织海归人才参与科技成果转让、技术入股、科技创新、创业及相关专业培训等活动。扶持有条件的企业建立博士后流动站、大学生实践基地。继续实施“领航计划”，对本土创新创业青年人才提供辅导和帮助。

（六）营造人才发展氛围

积极开展各类青少年科普教育活动，主动承接国家、省、市科技创新赛事，浓郁人才发展氛围。大力宣传推介常平的创新创业环境，充分利用报纸、电视、网站、微信、微博等媒体，精心策划、科学设计各类宣传主题，广泛宣传常平镇人才工作的举措与成效，塑造常平重才爱才的良好形象，努力让更多的人才了解常平、认同常平、扎根常平。

围绕人才引进 培育完善人才服务链

——2017年横沥镇人才工作总结及2018年人才工作计划

2017年，在市人才办的正确领导下，横沥镇以党的十八大、十八届三中全会、十八届四中全会、十八届五中全会、十八届六中全会、十九大精神为指导，深入学习贯彻习近平总书记系列重要讲话精神和对广东工作的重要批示精神，紧密围绕“在更高起点上实现更高水平发展”的价值追求，始终把人才尤其是高层次人才作为支撑创新发展的第一资源，紧紧围绕引进与培育人才，全方位落实政策、平台和服务链条，为建设生态文明小镇提供坚强的人才保障。

一、2017年主要工作及亮点

2017年以来，横沥镇围绕“在更高起点上实现更高水平发展”展开工作布局，积极贯彻落实上级决策部署，人才政策体系更加完善，就业规模持续扩大，就业形势保持稳定，人才资源总量不断增长。目前，横沥镇共有规模以上企业163家，“倍增计划”企业32家，其中市“倍增计划”企业2家。

（一）坚持党管人才，加强理论学习

坚持党管人才的根本原则，积极履行“管宏观、管政策、管协调、管服务”的职责。成立横沥镇人才工作领导小组，党委书记何植尧任组长，党委副书记、委员任副组长，坚持党对人才工作的全面领导。加强新时代人才工作的理论武装，学习《习近平关于人才工作论述摘编》，深入推进学习贯彻习近平总书记关于人才工作的新思想新理念新论述，让每一个组织人事干部都能掌握熟悉人才理论的最新发展，并用其武装头脑、指导实践、推动工作。用党的最新指导思想武装人才，组织学习十九大精神、省市党代会精神，组织党员干部人才参与考学，考学参加率100%，平均分96分。

（二）围绕人才完善政策链

一是制定人才培育引进政策。出台《横沥镇引进创新科研团队（人才）资助暂行办法》，设立“横沥镇引进创新科研团队（人才）专项资金”，每年预算安排1000万元专项资金额度，为博士、硕士等各类人才提供生活补贴、奖励扶持等全方位保障。二是出台一系列人才普惠政策。针对符合条件的创业大学生、小微企业和“倍增计划”企业等创业主体，分别提供不同类别的创业优惠和专项资金补贴。为新入职户籍毕业生提供就业补贴，以本科生每月500元、大专生每月400元、中专生每月300元的标准，按月发放就业补助，为期两年。三是针对高层次人才制定专门政策。出台《横沥镇领导干部联系高层次人才工作实施方案》，定期走访慰问高层次人才，解决企业和人才实际问题。19名领导班子成员共联系人才38名，走访

38 次，听取意见建议 15 条，更新问题台账 19 个，解决问题 5 个。通过约见交谈、走访考察、慰问探望、咨询服务、网络交流、召开座谈会等方式，深入沟通交流，做好政策宣传，解决实际问题，提供优质服务环境，精准服务人才。

（三）围绕产业需求搭建平台

充分利用协同创新中心、上市公司、“倍增计划”企业和高新企业等平台，鼓励具有研究实力和条件、拥有充足的科研课题并能长期培养的人才在横沥发展。目前，横沥镇共有市级院士工作站 2 个，其中明家科技股份有限公司电子信息院士工作站已经挂牌，正茂精机有限公司高分子微粒精密成型技术与装备研究院工作站正在申请建设。此外，横沥镇已建成省级工程技术研究中心 9 个，国家认可实验室 3 个，企业自主创新能力不断增强。

（四）围绕人才延伸服务链

一是统筹人才服务工作。坚持党管人才，牵头抓总，调动各相关部门积极性。建立人才工作目标责任制，明确工作职责，量化工作任务，通过工作手段创新，引导职能部门、用人单位、社会力量共同参与人才开发，形成齐抓共管的人才工作向心力。二是提供全方位服务。围绕人才工作生活需求，在衣、食、住、行等方面向人才倾斜，如协助人才办理户籍转移、子女入学、金融贷款服务等。三是举办创业就业座谈会，集聚创新人才。协调相关职能部门定期召集高层次人才召开座谈会，既方便人才交流，也能集中听取人才对横沥镇经济社会发展的意见和建议。

二、2018 年工作计划

2018 年，横沥镇将深入贯彻落实党的十九大精神，提高思想认识，强化党管人才，落实上级部署，将工作重点放在完成高层次人才引入任务这个难点上。

（一）开展人才队伍调研

多部门联合开展人才专题调研，对横沥镇人才队伍的现有总数、学历结构、年龄结构、培训情况、需求情况、引进数量等情况进行统计，查找横沥镇人才队伍建设的短板和差距，研究提出完善人才发展体制机制的具体措施和办法。

（二）完善横沥人才政策

根据前期调研情况，进一步健全人才政策，考虑突破户籍、档案、人事关系等限制，不改变人才户籍、不改变其与原单位关系，将人才吸引到本地工作或创业。借力先进地区优质人才资源，服务横沥镇经济社会发展。同时，对培养、奖励、职称评审、办理社会保险、子女入学等方面的待遇进行明确，真正开启人才引进的“绿色通道”。

（三）全力推动就业创业

认真落实更加积极的就业政策，全面落实稳企帮扶政策，着力扶持小微企业和民营企业发展。大力推进创业带动就业，持续改善创业环境。集中力量抓好重点群体就业，落实岗位挖掘、就业培训、跟踪服务等措施，统筹推进毕业生就业工作。进一步提升就业服务水平，积极组织高校毕业生、民营企业、高层次人才等主体对接活动。对镇重点招商引资企业和缺工严重的企业实行“一企一策”，促进人力资源和企业用工无缝对接。

（四）加强人才队伍建设

坚持“两高”（高层次人才、高技能人才）引领，统筹推进人才队伍建设。积极构建多渠道、多层次、多形式的引才、聚才、留才、用才格局，努力构建人才培养、引进、使用工作新局面。积极组织协同创新中心申报科研工作站，加快建立以企业为主体的技术创新体系，提升企业创新能力，促进企业产学研结合和科技成果转化。加大高层次创新人才引进力度，积极把高新技术人才“引进来”，推动企业“走出去”参与高端交流，推动完成横沥镇硕士、博士引进数量目标任务。

（五）不断加强自身建设

深入开展部门建设，努力加强干部队伍建设，提升干部职工依法行政、履职尽责、为民服务的能力水平。大力推进职能、权限、程序、责任法定化，全面完成清单制定和公开工作。加强廉政风险防控，严格落实“一岗双责”，营造清正廉洁、干事创业的良好环境。

研究探索篇

珠三角人才需求与流动趋势研究报告

前　言

近年来，在经济全球化和区域经济一体化深入发展的背景下，特别是《珠三角地区改革发展规划纲要（2008—2020年）》发布以来，珠三角地区各市本着资源共享、优势互补，协调发展、互利共赢的原则，在城市规划统筹、基础设施共建、产业发展合作、公共事务协作等方面取得了长足进展。2017年中央政府工作报告中明确提出“制定粤港澳大湾区城市群发展规划”，这标志着粤港澳大湾区建设正式上升为国家战略，也预示着珠三角城市群建设将迎来历史性发展机遇。

2017年6月，京津冀三地共同发布了《京津冀人才一体化发展规划（2017—2030年）》。这是我国首个服务国家重大战略的跨区域人才专项规划。这一规划根据中央《京津冀协同发展规划纲要》和《关于深化人才发展体制机制改革的意见》的精神制定，它的出台意味着京津冀一体化进程已经进入纵深发展阶段，也意味着人才一体化已成为区域一体化顶层设计的重要方面。

人才跨地区流动是区域一体化进程的必然结果，也是衡量地区一体化程度的核心指标。因此，在粤港澳大湾区建设背景下，珠三角地区各城市人才需求状况如何，城市间人才流动状况如何，城市群一体化程度怎样，这些都是当下亟待探讨的课题。

《珠三角人才需求与流动趋势研究报告》（以下简称《报告》）是由东莞市人才工作领导小组办公室指导，东莞人才发展研究院通过分析2016年珠三角九市用人主体在社会招聘媒介发布在线职位数（反映不同产业及重点行业实际人才需求）和人才简历投递[①]（反映人才意向流动趋势）大数据得出的研究报告。鉴于智联招聘在网络招聘领域的领军地位，《报告》采用了由其提供的2016年度珠三角地区整体及各城市间人才意向流动与需求的相关数据[②]。

在各城市间人才流动趋势方面，课题组统计了2016年珠三角九市中每座城市的人才（以求职者居住地为准）向其他八座城市（以提供职位的企业所在城市为准）投递简历的总量，以及其他城市的人才投向该座城市的简历总量，用以分析城市间人才流动趋势。在人才需求方面，课题组选取了2016年珠三角九市在互联网、电子信息、装备制造、能源环保、生物与新医药、金融、现代服务等7个重点产业领域（包含27个重点行业领域）发布的招聘职位总量，作为珠三角九市人才需求的考察指标，其中27个重点行业招聘职位总量（约226万个）占全部人才需求职位总量（约345万个）的65.4%。

---

① 本《报告》中简历投递按单人单次计算，因此投递简历数量即为意向流动人才数量。

② 需要特别说明的是，鉴于采集渠道原因，本《报告》的数据不能覆盖珠三角九市人才意向流动与需求状况全貌，《报告》反映的是珠三角各市的人才相对流动与需求趋势。

《报告》的主要研究结论为：①互联网/电子商务是珠三角地区重点行业中人才需求最为迫切的行业；②深圳是珠三角地区人才需求最旺盛的城市；③广州在医药、机电设备等多个细分行业中人才需求量排名第一；④东莞是珠三角地级市中人才需求最为强劲的城市；⑤珠三角地区人才意向流动总体呈顺差态势；⑥珠三角地区人才结构呈优化趋势，低学历劳动者意向流出趋势明显；⑦广—深是珠三角人才流动最为活跃的路线；⑧广州是珠三角九市中人才流动量最大的城市；⑨佛山是意向净流入人才数量最多的城市，“广佛同城”趋势非常明显，是珠三角城市群的最典型代表；⑩珠海是珠三角九市中人才净流入率（意向）最高的城市。

一、2016年珠三角地区人才需求状况

作为生产活动中最积极、最活跃、最富有创造性的因素，人才资源的合理流动是区域经济一体化的重要特征，而人才需求则是促进人才流动的最直接因素。以下为2016年珠三角地区人才需求呈现出的主要特点。

（一）互联网产业和电子信息产业是珠三角地区人才需求量最大的两个产业

智联招聘数据显示[①]，2016年珠三角地区互联网产业和电子信息产业人才需求量相当，在线职位数均超过55万个，分别占重点行业在线发布职位总量的24.8%和24.4%；其余依次

① 除特别说明外，本报告中数据均由智联招聘提供。

是现代服务业（占比 18.8%）、金融业（占比 17.6%）、装备制造业（占比 9.5%）、生物与新医药业（占比 3.4%）和能源环保业（占比 1.5%）（见图 1）。由此可知，互联网产业和电子信息产业是 2016 年珠三角地区发展最为迅猛的两大产业，“互联网 +”趋势非常明显。

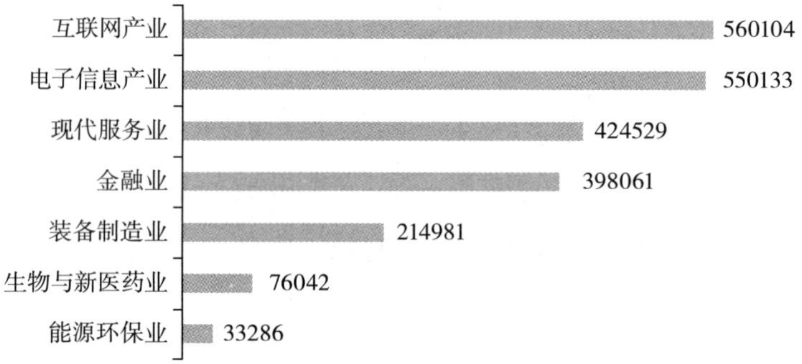

图 1　2016 年珠三角地区重点产业在线发布职位数（单位：个）

（二）互联网/电子商务行业是珠三角人才需求最为迫切的行业，基金/证券/期货/投资等金融业细分行业人才需求排名第二

2016 年珠三角地区 7 个重点产业领域的 27 个重点行业发布的在线职位数量近 226 万个，其中互联网/电子商务行业发布在线职位数超过 54.4 万个（见图 2），排在首位（占比 24%）。作为金融业的子行业，基金/证券/期货/投资行业的人才需求量紧随其后，这与深圳、广州两市在全国金融业的重要地位紧密相关。另外，珠三角九市重点行业发布在线职位数的排序显示，每个城市在线职位数最多的行业都是互联网/电子商务行业。由此可以看出，互联网/电子商务行业已成为珠三角

地区发展最快、人才需求最为迫切的行业。

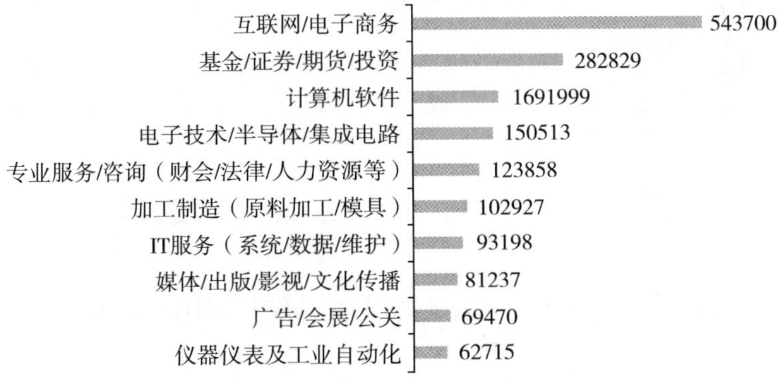

图 2　2016 年珠三角地区发布在线职位数排名前十的重点行业（单位：个）

（三）深圳是珠三角地区人才需求最旺盛的城市

人才需求程度是一个城市经济发展速度与水平的客观印证。统计数据显示，2016 年珠三角九市中深圳发布在线职位数最多[①]，其中重点行业在线发布职位约 111 万个，占重点行业发布职位总数（约 226 万个）的近一半（49.2%）；广州次之，约 69 万个，占比 30.4%；东莞排名第三，约 19 万个，占比 8.6%；其余依次是佛山（约 11 万个）、珠海（约 4 万个）、惠州（约 3.9 万个）、中山（约 3.2 万个）、江门（约 2.9 万个）和肇庆（约 1.8 万个）（见图 3）。另外，发布职位数排前十的重点行业中，深圳对其中 9 个行业的人才需求均排在第一位。由此可见，深圳是珠三角地区人才需求最强劲的城市。

① 深圳总在线职位数为 1620155 个，而珠三角九市全部在线职位数为 3449948 个，深圳在九市中在线职位数排名第一。本《报告》只分析重点产业与行业。

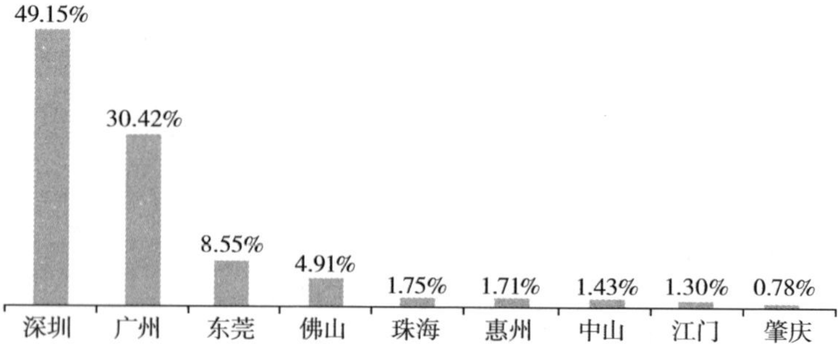

图 3　2016 年珠三角九市重点行业发布在线职位数占比

（四）广州在医药、机电设备等多个细分行业中人才需求量排名第一

虽然广州对人才的总体需求低于深圳，但是在 9 个细分行业的人才需求量方面，广州均排名第一。这些细分行业包括银行、网络游戏、广告/会展/公关、娱乐/体育/休闲、医疗/护理/美容/保健/卫生服务、医药/生物工程、医疗设备/器械、大型设备/机电设备/重工业、环保等。这些行业强劲的人才需求与广州的优势行业密切相关。

（五）东莞是珠三角地级市中人才需求最为强劲的城市

首先，无论是从总体行业人才需求①，还是从重点行业人才需求来看，东莞均排在地级市首位。另外，将珠三角九市在 7 个重点产业领域发布的职位数进行排名后发现，东莞在装备制造业发布的在线职位数中排名第二，超过广州；在其他 6 个产业领域发布的在线职位数量均排第三，即地级市首位。另外，佛山在 7 个产业领域中发布的在线职位数量均排第四，但

① 东莞发布在线职位总数为 330084 个，而地级市中排名第二的佛山为 204684 个。

在几个细分行业中，佛山的人才需求量超过东莞。这些细分行业包括银行、IT 服务、计算机硬件、娱乐/体育/休闲、旅游/度假等。

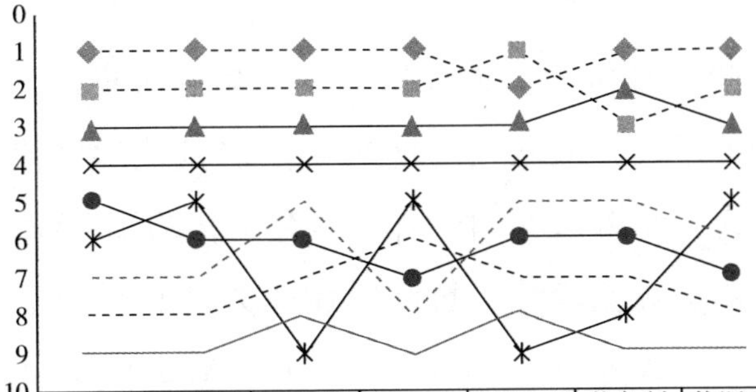

	电子信息产业	互联网产业	现代服务业	金融业	生物与新医药业	装备制造业	能源环保业
深圳	1	1	1	1	2	1	1
广州	2	2	2	2	1	3	2
东莞	3	3	3	3	3	2	3
佛山	4	4	4	4	4	4	4
惠州	6	5	9	5	9	8	5
珠海	5	6	6	7	6	6	7
中山	7	7	5	8	5	5	6
江门	8	8	7	6	7	7	8
肇庆	9	9	8	9	8	9	9

图 4　2016 年珠三角九市在 7 个产业领域发布在线职位数排名

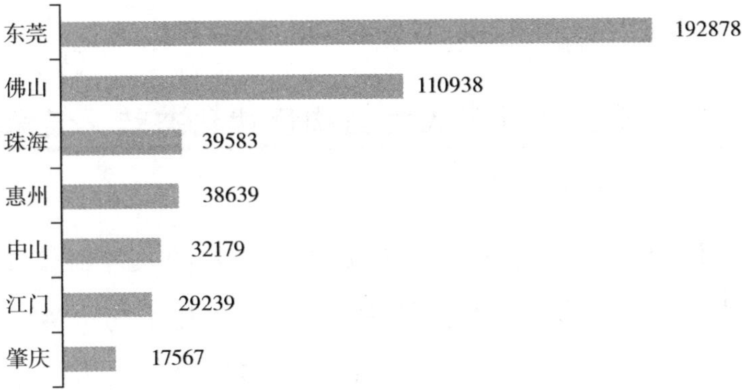

图 5　2016 年珠三角 7 个地级市重点行业发布在线职位数（单位：个）

二、2016年珠三角地区人才流动趋势

（一）珠三角地区人才意向流动总体呈顺差态势

2016年，从国内其他地区向珠三角地区投递简历的人才总量约为187万人，从珠三角地区向国内其他地区投递简历的人才总量约为124万人①。由此可以看出，2016年珠三角地区意向流动人才呈顺差趋势，意向净流入人才总量（意向流入人才量－意向流出人才量）约63万人（见图6）。人才流动的顺差态势反映出珠三角地区具有较强的经济活力和人才竞争力。

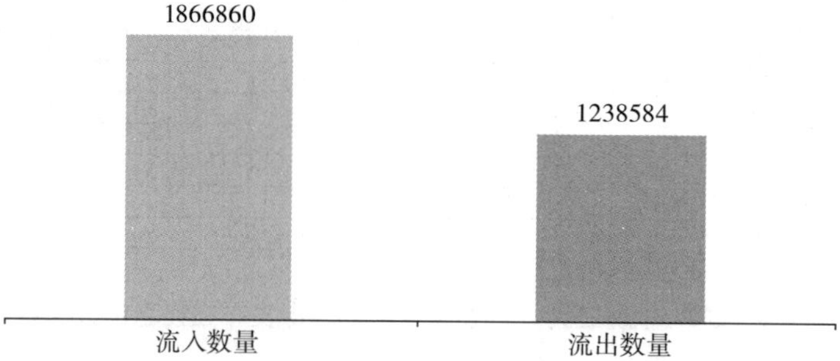

图6　2016年珠三角地区意向流动人才数量对比（单位：人）

（二）珠三角地区人才结构呈优化态势，低学历劳动者意向流出趋势明显

2016年，珠三角地区意向流动呈顺差的人才群体中，以本科和大专学历人才为主，其中本科学历人才约为45.08万人（占意向流动呈顺差的人才总量的64.94%），大专学历人才约为20.82万人（占比29.99%），硕士研究生学历人才约为2.77

① 课题组按照单人单次投递简历的份数来统计具体意向流动人数。

万人（占比3.99%）。而意向流动呈逆差的人才群体中，有近九成（85.99%）是中专或高中以下学历（见图7）。这从侧面反映出，随着产业的转型升级，珠三角地区整体人才结构也在不断优化，低学历劳动者意向流出趋势明显。

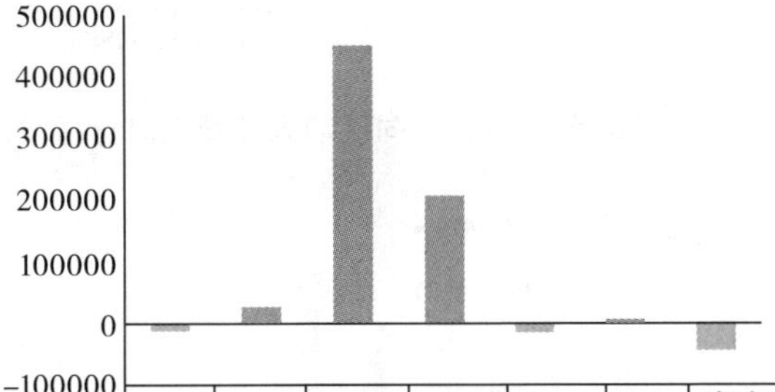

	博士研究生	硕士研究生	本科	大专	中专	中技	高中及以下(包括未知和其他)
意向净流入人数	-9229	27679	450789	208203	-13617	7492	-43041

图7　2016年珠三角地区不同学历意向净流入人数（单位：人）

（三）广—深是珠三角内部人才流动最为活跃的路线

2016年，珠三角九市内部人才意向流动方面，广州有超过19万人才意向流入深圳，而深圳约有16万人才意向流入广州，广—深意向流动的人才差值约2.66万人，广—深成为珠三角九市中人才相互流动最频繁的城市路线（见图8、图9）。与此同时，从图9也可以看出，广佛与深莞是两个人才一体化趋势最为明显的城市圈，其中广州意向流入佛山的人才数量多于深圳意向流入东莞的人才数量，这与“广佛同城”的推进，特别是两座城市地铁衔接等一体化举措的实施紧密相关。

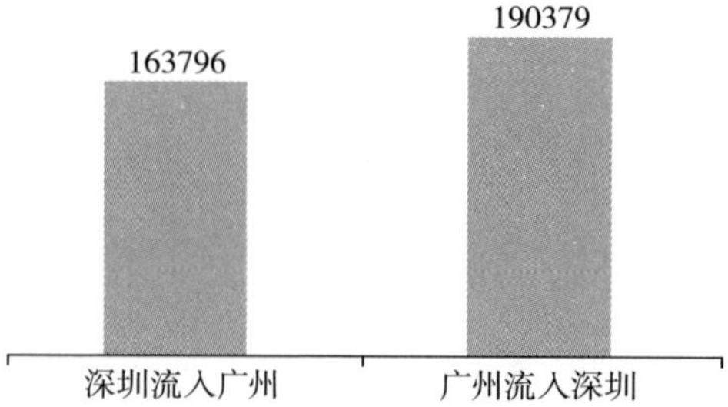

图8　2016年广—深意向流动人才数量对比（单位：人）

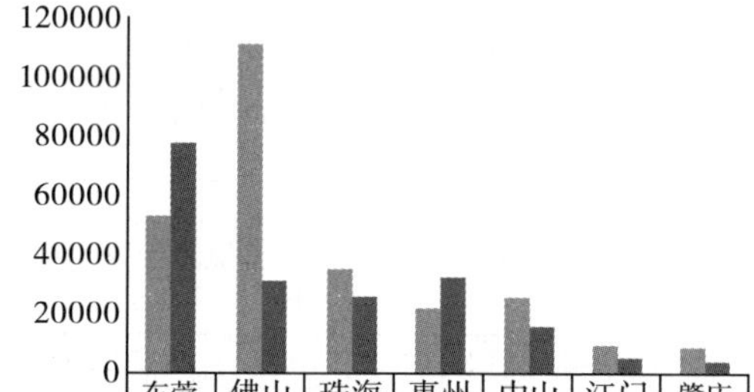

	东莞	佛山	珠海	惠州	中山	江门	肇庆
从广州意向流入其他七市	53027	110947	35192	21360	25263	9267	8348
从深圳意向流入其他七市	77115	31119	25820	32674	15328	4475	3352

图9　2016年广深意向流出至其他七市人才数量对比（单位：人）

（四）广州是珠三角九市中人才流动量最大的城市

合理有序的人才流动，对于人才资源的优化配置至关重要，而一座城市的人才流动程度，可以从侧面反映出该座城市人才集聚与溢出效应的发挥程度。2016年，在珠三角内部意向流动人才方面，广州是意向流动人才数量最大的城市，占珠三角内部意向流动人才总量的30.64%[①]；深圳次之，占比

① 本文中城市人才流动量的占比是对城市人才流入量占比和城市人才流出量占比求平均数。城市人才流入量占比 = 该城市意向流入人才数量 ÷ 珠三角九市内部意向流动人才总量 × 100%；城市人才流出量占比 = 该城市意向流出人才数量 ÷ 珠三角九市内部意向流动人才总量 × 100%。人才流动量越大，说明该城市意向流动（双向）人才总量越大。

26.69%；佛山和东莞人才流动量非常接近，分别占比11.91%和11.83%，位列第三和第四；珠海位列第五；其余依次是惠州、中山、江门和肇庆（见图10）。珠三角九市的人才流动量与经济社会发展水平密切相关（见图11）①。

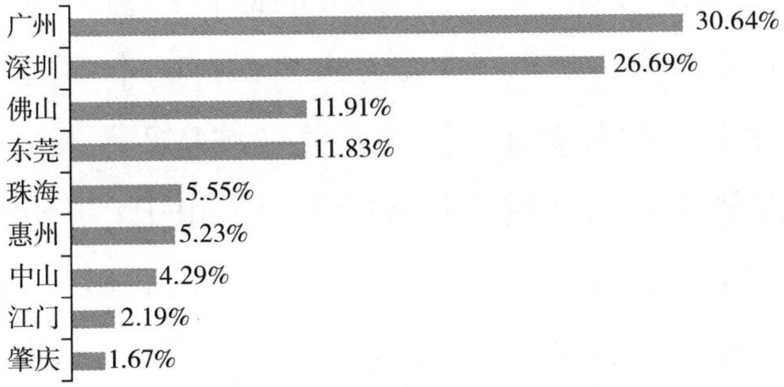

图10 2016年珠三角九市人才流动量占比

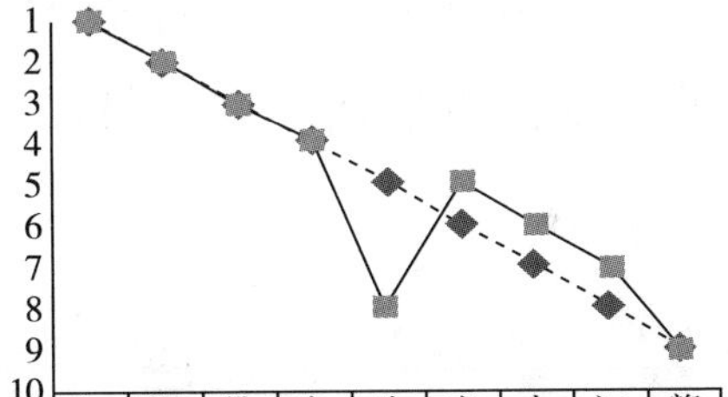

	广州	深圳	佛山	东莞	珠海	惠州	中山	江门	肇庆
人才流动量占比排名	1	2	3	4	5	6	7	8	9
地区生产总值排名	1	2	3	4	8	5	6	7	9

图11 2016年珠三角九市人才流动量与地区生产总值排名对比

① 珠海人才流动量占比排名与地区生产总值排名出现偏差的原因主要为2016年珠海人才流入流出比最高，与其他八市一样，保持了人才流动顺差。

（五）佛山是珠三角九市中意向净流入人才数量最多的城市，广州意向净流出人才数量最多

2016 年，在珠三角内部人才意向流动方面，呈现人才流动顺差趋势的城市有 5 个，其中佛山的意向净流入人才数量最多，约为4.3 万人，珠海（3.1 万人）次之，中山（1.9 万人）排第三，深圳（约1.2 万人）和东莞（约0.2 万人）位列第四和第五。呈现人才流动逆差趋势的4 个城市中，广州意向净流出人才数量最多，近8 万人，其余依次是江门（1.7 万人）、肇庆（0.9 万人）和惠州（0.1 万人）（见图 12）。从以上数据可以看出，在珠三角九市内部人才对流的过程中，从其他八市意向净流入佛山的人才数量最多，而从广州意向净流出的人才数量最多。另外，从其他八市意向净流入佛山的人才中，广州占比最大，再一次充分验证了“广佛同城”的趋势。

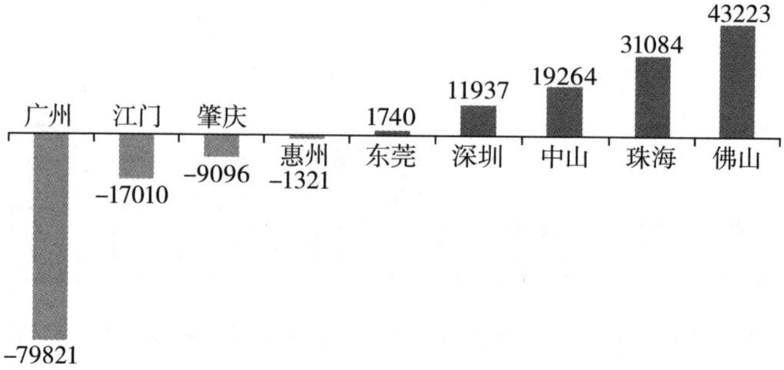

图 12　2016 年珠三角九市意向净流入人才数量对比（单位：人）①

① 图中负值表示人才呈净流出量。

（六）珠海是珠三角九市中人才净流入率[①]（意向）最高的城市

2016 年珠三角内部呈现人才意向流动顺差态势的 5 个城市中，珠海是唯一一个在与其他 8 个城市人才对流过程中保持全部净流入的城市，即其他 8 个城市的人才均呈净流入珠海的趋势（见图 13），因此珠海也成为珠三角九市中意向流动人才净流入率最高的城市（见图 14）。这从侧面反映出，珠海是珠三角地区人才吸引力相对较高的城市[②]。

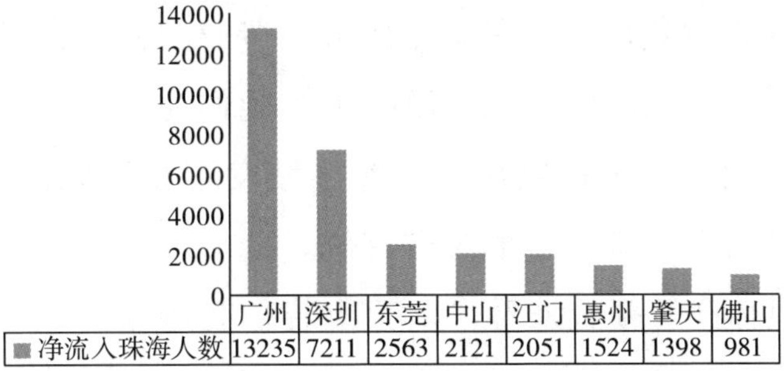

图 13　2016 年从其他八市意向净流入珠海的人才数量对比（单位：人）

三、东莞市 2016 年人才需求与流动趋势

（一）总体人才需求量排地级市首位，装备制造业和电子信息产业人才需求量最大

如前所述，无论是从总体行业人才需求，还是从重点行业

① 地区人才净流入率 = 该地区意向净流入人才数量 ÷ 该地区意向流动人才总数 × 100%。

② 参见：港珠澳大桥将促三地一体协同发展［EB/OL］. 南方日报，［2013 – 07 – 30］. http：//epaper. southcn. com/nfdaily/html/2013 – 07/30/content_ 7211752. htm.

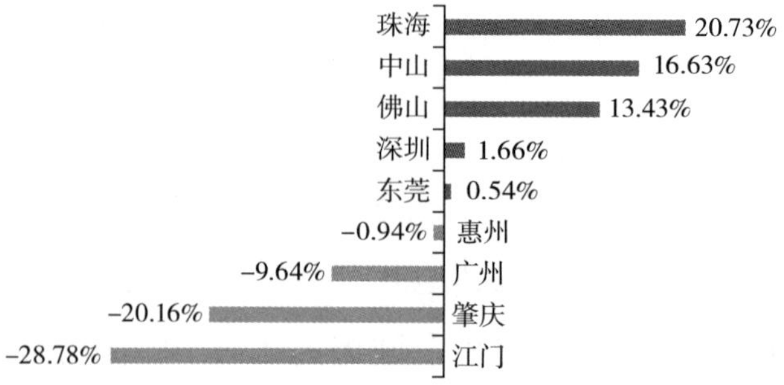

图 14　2016 年珠三角九市人才净流入率（内部意向流动）

人才需求方面来看，东莞均排在地级市首位，人才需求量远超排名地级市第二的佛山。另外，珠三角九市在 7 个重点产业领域发布的职位数显示，东莞在装备制造业的人才需求在九市中排名第二，超过广州，充分说明了东莞作为世界知名制造业城市的独特地位；在其他 6 个产业领域发布在线职位数量方面，东莞均排名全省第三、地级市首位。

从具体产业领域来看，东莞市装备制造业的人才需求量最大，发布在线职位数约 4.8 万个，占比 24.8%；电子信息产业人才需求量次之，占比 23.12%，与装备制造业差距不大，印证了东莞电子信息产业的蓬勃发展态势；互联网产业人才需求量排第三，占比 18.8%；现代服务业和金融业人才需求量位列第四和第五，分别占比 15.8% 和 11.1%（见图 15）。

从具体行业领域来看，互联网/电子商务行业人才需求大于传统的加工制造行业。数据显示，东莞市发布在线职位数排在前五位的行业依次是互联网/电子商务（3.4 万个）、加工制造（原料加工/模具）（2.8 万个）、电子技术/半导体/集成电路（1.9 万个）、基金/证券/期货/投资（1.6 万个）和大型设备/机电设备/重工业（1.2 万个），共计占比 56.3%（见图 16）。

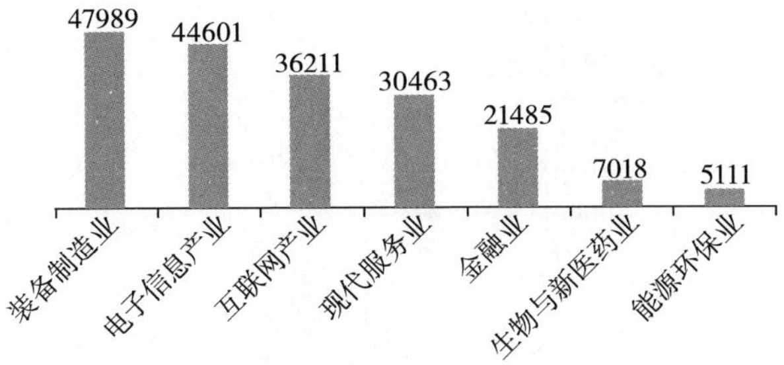

图 15　2016 年东莞重点产业领域发布在线职位数（单位：个）

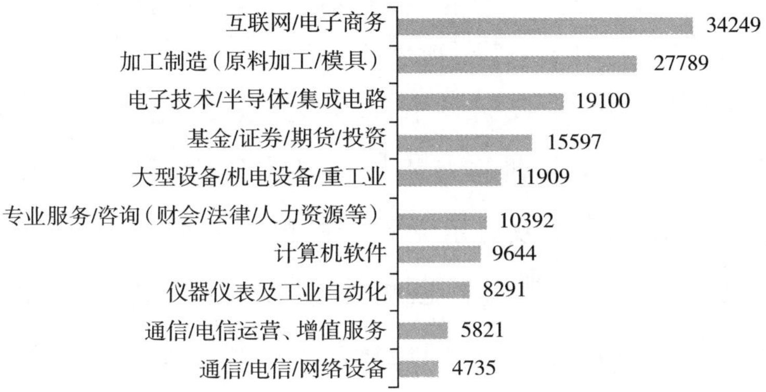

图 16　2016 年东莞发布在线职位数排在前十位的重点行业（单位：个）

（二）总体呈现人才流动顺差趋势，东莞成为深圳和广州溢出人才的重要承接地

快速发展的经济及位于广深之间的地缘优势使得东莞吸纳了大量来自广州和深圳的人才，在珠三角内部人才流动方面，东莞整体呈顺差态势。从图 17 可以看出，2016 年从其他八市意向流入东莞的约 16 万人才中，来自深圳的最多（占比 48%），广州次之（占比 33%），惠州和佛山位列第三和第四（分别占比 5.63% 和 5.29%），其余依次是中山、珠海、江门和肇庆（共计占比 7.51%）。

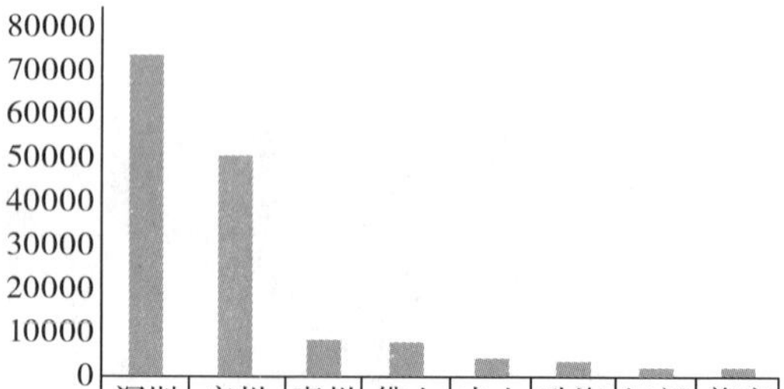

	深圳	广州	惠州	佛山	中山	珠海	江门	肇庆
流入东莞人数	77115	53027	9033	8498	4369	3590	2119	1982

图 17　2016 年从其他八市意向流入东莞的人才数量（单位：人）

从与其他城市的人才对流来看，东莞与深圳及广州的人才流动也是最频繁的。数据显示，2016 年从东莞意向流出的约 15.9 万人中，流向深圳的人才最多（占比 45.7%，其中深圳在金融、IT 服务等领域对东莞人才的虹吸效应明显），广州次之（占比 31.9%），佛山和惠州位列第三和第四（分别占比 7.73% 和 5.18%），其余依次是珠海、中山、江门和肇庆（共计占比 9.29%）（见图 18）。总之，从人才净流入（意向）方面来看，东莞总体呈现人才流动顺差趋势，深圳和广州对东莞的人才溢出效应较为明显（见图 19）。

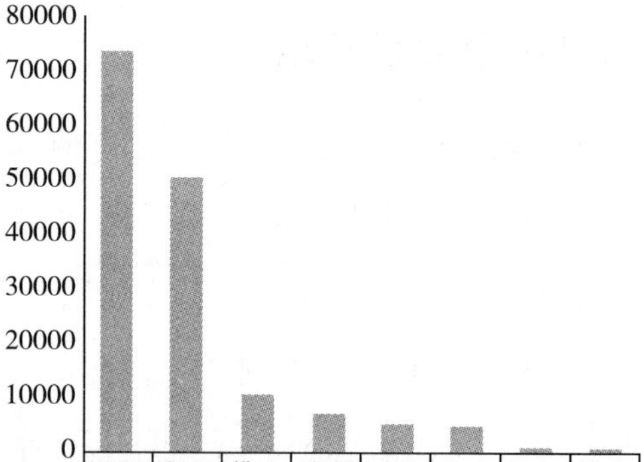

	深圳	广州	佛山	惠州	珠海	中山	江门	肇庆
流出东莞人数（意向）	72591	50682	12283	8228	6153	5790	1561	1244

图 18　2016 年从东莞意向流向其他八市的人才数量（单位：人）

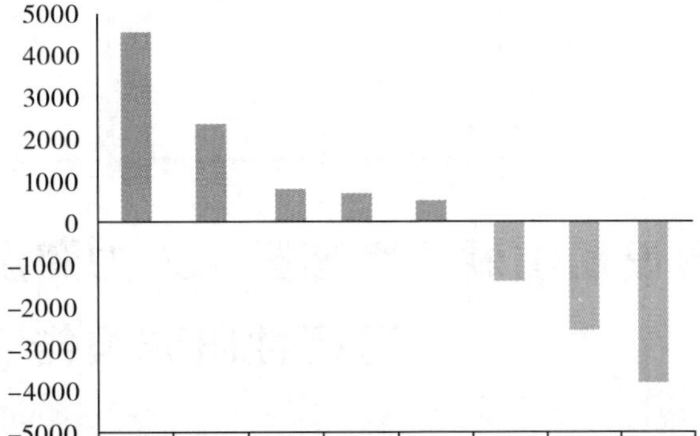

	深圳	广州	惠州	肇庆	江门	中山	珠海	佛山
净流入东莞人数（意向）	4524	2345	805	738	558	-1421	-2563	-3785

图 19　2016 年从其他八市意向净流入东莞的人才数量（单位：人）

建设松山湖（生态园）人力资源服务产业园可行性研究报告

前　言

作为生产性服务业① 的重要门类，人力资源服务业是以人力资源开发、配置与管理为核心内容的专门行业。现代人力资源服务业已经从传统的劳务派遣、人事代理等业务逐渐演变为涵盖中高端人才寻访、专业人员岗位外包、人力资源外包、人才测评与评鉴、人力资源软件系统、转职服务等附加值高的新兴服务业态。在部分城市，如上海，人力资源服务业甚至已经发展成为整个城市的支柱产业之一。截至 2016 年底，我国人力资源服务业全年营业总收入累计达 1. 18 万亿元，全国各类人力资源服务机构共有 2. 67 万家，从业人员 55. 3 万人②。据专业机构测算，2016—2020 年，我国人力资源服务业平均复合

① 生产性服务业是指为保持工业生产过程的连续性，促进工业技术进步、产业升级和提高生产效率提供保障服务的服务行业。

② 参见：中华人民共和国人力资源和社会保障部 . 2016 年人力资源市场统计报告 [EB/OL] . [2017 - 06 - 05] . http：//www. mohrss. gov. cn/SYrlzyhshbzb/dongtaixinwen/buneiyaowen/201706/t20170605_ 271972. html.

增长率将达到18%[①]。

国家人社部《人力资源和社会保障事业发展“十三五”规划纲要》明确提出，要大力发展人力资源服务业，推进人力资源服务产业园建设。据不完全统计，截至2017年7月，国内已建立人力资源服务产业园45家，其中国家级产业园11家。

广东省也将人力资源服务产业园作为促进人力资源服务业发展的重要内容和关键抓手。根据省政府印发的贯彻落实国家《“十三五”促进就业规划》的实施意见，到2020年，广东省将按照“一园多区”的模式，整合省本级以及广州、深圳、珠海、佛山已建或在建产业园资源，以部省市共建模式打造“中国华南人力资源服务产业园”，力争建成1个国家级人力资源服务产业园、3~5个省级人力资源服务产业园。根据省人社厅相关工作要求，东莞市也需要抓紧启动人力资源服务产业园的建设。

在此背景下，结合松山湖创建省级人才发展改革试验区的相关要求，课题组近期对在园区建设市级人力资源服务产业园的可行性进行了研究。通过梳理总结全国各地人力资源服务产业园的建设经验，并对园区人力资源服务机构及企业进行问卷及座谈调研，课题组认为，在园区建设全市首家人力资源服务产业园是必要且可行的。

本报告正文主要分为六大部分：第一部分系统梳理了国内人力资源服务产业园发展现状；第二部分阐述了国内产业园的发展成效以及发展过程中出现的问题；第三部分重点介绍了我

---

① 数据源自《2016中国人力资源服务产业园研究报告》。

省以及我市人力资源服务业的发展状况；第四部分系统分析了园区人力资源服务业的发展现状、需求以及现存的主要问题；第五部分阐述了园区建设产业园的必要性及优势；第六部分提出了建设产业园的对策建议。

一、我国人力资源服务产业园发展状况

2010 年，我国首家人力资源服务产业园在上海揭牌运营。此后，在国家和地方政策引导下，各地纷纷开启产业园建设步伐。产业园的建立不仅为人力资源服务业搭建了行业企业集聚发展的实体平台，同时，在提升人力资源服务业专业水平、创新行业服务内容等方面均起到了重要的推动作用。

（一）总体数量

据不完全统计，截至 2017 年 7 月，全国已建和在建的产业园共有 45 家（见表 1），其中国家级产业园 11 家（见表 2）。如表 1 所示，产业园主要分布于经济较为发达的东部地区，如山东省拥有 8 家产业园，数量居国内首位，其中国家级 1 家、省级 3 家；江浙沪三省（市）都各有一家国家级产业园。中西部地区的产业园一般建于省会城市或直辖市，如成都、重庆、西安、郑州、南昌等；而像甘肃、青海、西藏、宁夏、新疆等经济欠发达地区，暂未建立产业园。

表 1　全国各省区市产业园数量

省区市	数量
山东	8
浙江、江苏	7

续表

省区市	数量
安徽、广东	3
陕西、河北、福建	2
上海、山西、四川、重庆、吉林、辽宁、河南、湖北、天津、北京	1

表 2　国家级人力资源服务产业园建设情况

挂牌运营时间	名称	地点	功能定位	建设规模	备注
2010 年 11 月	上海人力资源服务产业园	上海闸北区	上海市、长三角地区和全国人力资源服务产业的战略高地；高端产业和低端产业相结合，以高端产业为主	占地 2 平方千米，以上海人才大厦为核心（4.5 万平方米）	-
2013 年 12 月	中国苏州人力资源服务产园	核心区：苏州高新区；分园区：常熟市、昆山市、吴江区	服务苏州、惠及长三角、面向全国；产品集聚区、品牌集散区、企业孵化区、职业培训区	总建筑面积 22.9 万平方米	-
2013 年 12 月	中国杭州人力资源服务产业园	杭州下城区、江干区	集聚产业、拓展服务、培育市场，加大人力资源项目及课题的引入和研发，形成产、学、研基地和人力资源产业、人才、信息、研发集聚中心	总建筑面积 11 万平方米	原为省市级，于 2016 年 5 月升为国家级
2014 年底	中国烟台人力资源服务产业园	烟台	立足服务山东、环渤海经济区和中韩自贸区，面向全国提升影响力的发展思路，逐步打造成为国家级特色人力资源服务产业聚集区和人力资源综合服务示范区	3 万平方米	原为省市级，于 2016 年 5 月升为国家级
2014 年 12 月	中国海峡人力资源服务产业园	福州	立足福建，联动海峡两岸和海峡西岸经济区；海峡两岸人力资源服务机构总部集中区，海峡两岸人力资源服务产业集聚、培育、创新、示范基地，海外人才引进的创新创业基地，海峡两岸人力资源交流合作的示范区和先行区	总面积 2 万多平方米	2014 年 12 月获批

续表

挂牌运营时间	名称	地点	功能定位	建设规模	备注
2016 年 6 月	中国成都人力资源服务产业园	成都	促进人力资源服务和创新创业的融合发展，为成都高新区建设成为国家自主创新示范区、打造国际创新创业中心提供智力支持	–	–
2016 年 11 月	中国重庆人力资源服务产业园	重庆渝北空港新城	综合性人力资源要素市场、城乡统筹的人力社保信息中心、多功能的社会保障服务平台和多元化的人力资源服务产业基地	园区占地约 158 亩，建筑面积约 32 万平方米	2011 年 7 月获批
筹建中	中国中原人力资源服务产业园	郑州航空经济港	立足中原、带动中部、辐射全国的人才集聚和人力资源服务载体：综合性的人力资源要素市场、多元化的人力资源服务产业基地和多功能的人力资源社会保障服务平台	建筑面积约 23.3 万平方米	2012 年 7 月获批
筹建中	中国南昌人力资源服务产业园	南昌	产业集聚、入驻服务、企业孵化、公共服务，“互联网 +”思维建设，产业园线上、线下平台等特色建园模式，打造人力资源供需交易平台，推进互联网人力资源企业快速成长和发展，使园区真正成为智慧园区	一期规划土地 40 余亩，总建筑面积约 5.7 万平方米；二期预留土地 80 亩	2017 年 5 月获批
筹建中	中国长春人力资源服务产业园	长春净月高新区	立足长春、服务全省、辐射东北三省及内蒙古自治区，连接东北亚，为经济社会可持续发展提供强有力的人力资源支撑保障	–	2017 年 5 月获批
筹建中	中国西安人力资源服务产业园	西安	–	–	2017 年 5 月获批

（二）管理模式

当前我国产业园的管理体制大致分为三种：政府主导型管

理模式、企业主导型管理模式、政企联合型管理模式。

1. 政府主导型管理模式

政府主导型管理模式一般是以管委会为主要组织形态，也有通过设立领导小组（如浙江设立省级领导小组）或召开联席会议等形式，负责园区建设发展的重大决策及重大事项的协调，但不干预园区具体事务，政府职能主要体现在主导产业布局、制定优惠政策、财政性投入和建立公共服务平台等方面。如上海人力资源服务产业园区实行“联席会议+联席办+服务中心”的管理运营模式。联席会议工作小组的形式和职能相当于园区管委会，对园区的日常事务进行管理，属于政府主导、管委会代管型管理模式。

具体来看，上海产业园成立了发展领导工作小组，第一召集人由分管副市长负责，下设成员单位，由闸北区政府、质检、工商、公安、发改委、财政、税务、商委、科委等职能部门组成，负责研究审定产业园发展的重大方针、政策及发展中的重大事项等。工作小组下设办公室，负责实施推进发展规划、年度工作计划及重大责任目标；督查指导规划政策的落实及年度工作目标的完成情况。产业园的运营则由人才服务中心具体负责，包括物业服务等。具体管理架构见图1。

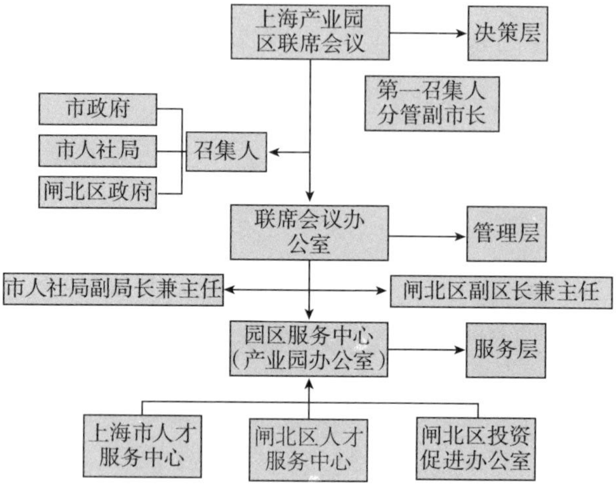

图1　上海人力资源服务产业园组织管理结构图

资料来源：《中国组织人事报》。

2. 企业主导型管理模式

企业主导型管理模式，又称无管委会管理体制或公司型管理体制，主要以企业作为园区的发展与管理者，通过设立独立的开发公司来具体规划和管理园区。因开发公司不具备社会管理职能，园区的社会性和行政性事务仍由政府职能部门负责管理。如山西太原产业园、山东潍坊产业园、安徽马鞍山产业园引入市场机制，采取政府指导扶持下的市场化运作体制，成立专业化的人力资源公司对园区进行管理。

3. 政企联合型管理模式

这种管理体制实行政府与企业统一开发、统一管理的模式。园区内既有管委会，也有开发总公司。管委会负责行政决策和其他服务性职能，开发总公司负责园区内的具体事务管理，同时具备一定的行政性质，二者的人员配置相互交叉。如昆山产业园专门成立了直属市政府的产业园管理委员会，产业园主要由管委会下属的人力资源集团公司进行市场化运作，管委会一名副主任兼任集团公司董事长、总经理。集团公司负责产业园的日常经营管理事务，下设人力资源管理咨询公司、人力资源开发有限公司、综合保税区人力资源开发有限公司等机构。

（三）建设布局

在产业园的建设布局上，也主要有三种模式：“楼宇经济”模式、“一园多区”模式和“园中园”模式。

1. “楼宇经济”模式

“楼宇经济”模式是指以商务楼宇为载体，集聚人力资源服务企业及其上下游企业。如上海人力资源服务产业园的主要园区是上海人才大厦，建设目标是形成20多栋、建筑面积230万平方米的商务楼宇。上海目前基本形成了以上海人才大厦、新理想国际大厦为载体的人力资源服务集聚地，以上海人才培训广场、上海市青少年活动中心为载体的人力资源培训机构集聚地，以上海人才大厦延伸楼宇为载体的人力资源服务外包产业基地，以及以周边楼宇为载体的后台服务和呼叫中心基地。2016年，园区税收达11.17亿元，其中上海人才大厦贡献了80%以上，可见“楼宇经济”模式的发展效能十分显著。

2. “一园多区”模式

“一园多区”模式中的“一园”是指一个地区人力资源服务产业园区的整体概念，包括有形的物理空间与无形的服务网络，“多区”是指若干个人力资源服务产业集聚区。如苏州人力资源服务产业园共有高新区、昆山市、常熟市、吴江区4个园区。目前，以“一园多区”模式建设或已建成的有南昌、杭州、深圳、西安等地的产业园。

3. “园中园”模式

“园中园”模式，又称“一区多园”模式，是指人力资源服务产业园区不独自成立，而和其他产业园区、高新技术发展区等园区集中在同一个地区，不同产业园可以享受相同的政策，相互间的资金、人才流动没有限制，即同一个地区有功能定位不同的产业园进驻，人力资源服务作为其中的一个功能分区而存在。这种模式有利于结合当地产业优势和发展特色，建设具有比较优势的产业园。如重庆人力资源服务产业园选址在“一带一路”与长江黄金水道交汇的两江新区；浙江台州（黄岩）人力资源服务产业园与区内的精英创业园、大学生创业园、科技服务园等几个园区共享资源。

需要说明的是，以上三种模式并不互斥，可根据具体情况搭配组合。苏州人力资源服务产业园的高新区产业园实际上就是这三种模式的集合版。该园区位于苏州国家高新技术开发区内，是苏州人力资源服务产业园“一园多区”布局之中的核心园区，园区内的人才广场大厦共计25层，是国内目前规模最大、功能最完备的现代化人力资源服务综合楼宇。

（四）功能定位

纵观国内已建成的人力资源服务产业园，一般都具有服务当地、辐射周边、特色定位、孵化企业、培育市场等功能。

首先，产业园一般立足当地，为地方经济发展和人力资源开发配置提供服务，并在服务当地的基础上，积极打造人力资源服务高地，辐射周边地区，产生示范和带动效应。如苏州人力资源服务产业园，考虑到苏州正处于产业结构转型调整时期，未来5~10年对高新技术企业、现代服务业的人力资源需求将不断加大，所以突出强化职业培训服务，分别布局了吴江区和常熟市两大以职业培训为特色的园区，既能够为苏州市自身经济发展提供充足的技能人才储备，也能够发挥苏州的地理区位优势，将辐射范围向江浙沪延伸。

其次，产业园的定位也结合了当地特色。如上海以总部经济和现代服务业为特色，因此上海产业园定位于高端人力资源服务业态；而位于福建的海峡人力资源服务产业园则利用其得天独厚的区位优势，通过整合多方资源，和福建省委人才办、省台办、省台联、省台商协会等共同发起“海峡两岸人才交流合作协会”，为闽台两地人才交流合作提供广阔的平台。

再次，产业园一般还包括产业集聚、孵化企业、培育市场的功能。如宁波、苏州产业园对获得各类荣誉称号的自主品牌企业进行奖励，以推动本土人力资源服务企业做大做强。

最后，人力资源公共服务和市场化人力资源集聚相结合也是产业园的重要特征，其中公共服务包括公共人力资源市场、社会保障服务平台、人才开发与培训等。各地产业园内一般都设有专门区域，为求职者和园区企业提供便捷的人力资源公共服务。

（五）相关政策

各地在推动产业园发展过程中，纷纷出台了相关政策以吸引专业机构和人才入驻。课题组搜集了国内19家产业园的相关资料，其中重点关注了上海、重庆、苏州、长春、杭州等 5 家国家级人力资源服务产业园。以下是对各产业园提供的注册优惠、租金补贴优惠、税收优惠、引才奖励、评优奖励以及其他类型的扶持政策的分析。

1. 注册优惠政策

注册优惠政策，是一种通过各种优惠措施为注册企业提供便利，以吸引更多企业机构入驻园区的政策措施。这方面的优惠政策主要有降低注册门槛、放宽市场准入标准、提供资金奖励、开通绿色通道等（见表 3）。如苏州、吴江等地的产业园允许进驻园区企业的注册资本分两年到位，宁波产业园对新登记的园区人力资源服务机构一次性补助 2000 元等。

表 3　产业园注册优惠政策情况

注册优惠政策分类	具体措施	实施该政策的产业园
降低工商注册门槛	实施降低工商注册门槛的优惠，允许注册资本分两年到位	苏州、吴江
放宽市场准入	鼓励外资和港澳台人力资源服务企业进驻园区，外资控股比例放宽至 70%，允许已在国内落户的合资企业在园区内独资经营	苏州、南京
注册资金补助	对新登记注册的人力资源服务机构，区财政给予一次性 2000 元补助	宁波
开通注册登记服务绿色通道	开设专门服务绿色通道，为符合本政策支持引进的人力资源服务机构办理工商登记、税务登记等提供便捷服务	苏州
	提供注册支持，免费提供公司注册地址，高效办理公司注册	湖州

2. 租金补贴优惠政策

租金补贴优惠政策，主要通过租金减免、资金补贴等方式对入驻机构进行扶持，也是很多产业园实行的优惠政策（见表

4)。产业园一般根据进驻机构的规模、行业排名等因素，制定相应的优惠政策，如上海、重庆、成都的资金补贴，苏州的梯度式租金减免政策等。

表 4　产业园租金补贴优惠政策情况

<table>
<tr><th colspan="2">租金优惠政策分类</th><th>具体措施</th><th>实施该政策的产业园</th></tr>
<tr><td rowspan="4">租金减免政策</td><td>“两免两减半”</td><td>第一、二年租金全免，第三、四年的租金减 50%，但各产业园有不同最高免租额度</td><td>深圳、青岛、佛山</td></tr>
<tr><td>“一免两半”</td><td>第一年租金全免，第二、三年租金减 50%，有最高减免额度</td><td>宁波、淄博</td></tr>
<tr><td>“两免三减半”</td><td>第一、二年租金全免，第三至五年租金减 50%</td><td>湖州</td></tr>
<tr><td>梯度式租金减免</td><td>前三年按房租的 100%、80% 和 50% 给予减免，并根据企业规模划定最高减免额度</td><td>盐城</td></tr>
<tr><td colspan="2">资金补贴政策</td><td>对进驻机构和企业针对房租直接进行资金补贴，根据企业规模给予每月不等的租金补贴</td><td>上海、重庆、成都</td></tr>
<tr><td colspan="2">企业规模决定补贴额度</td><td>根据进驻机构或企业的规模、行业综合排名、税收等因素划分租金减免力度，分级补贴</td><td>苏州</td></tr>
</table>

3. 税收优惠政策

税收优惠政策可以吸引众多机构进驻产业园，因此，不少产业园在制定相关政策时，都从税收方面加大优惠力度，增加其吸引力（见表 5）。如重庆、盐城、南京等产业园的税收优惠政策主要采取减免的方式；杭州、海宁、湖州等城市则采取根据进驻企业的缴税规模而调整税率的措施。

表 5　产业园税收优惠政策情况

税收优惠政策分类	具体措施	实施该政策的产业园
“三免两减”政策	入驻企业纳税达一定额度，留成部分前三年给予全额补助，后两年给予 50% 补助	重庆、盐城
前三年税收减半	入驻企业按照其对地方财政的贡献，给予前三年 50% 的税收补贴奖励	南京、淄博

续表

税收优惠政策分类	具体措施	实施该政策的产业园
“多退少收”政策	高于国家规定的应纳税所得额部分的税收退回企业以作奖励；低于国家规定应纳税额的企业，其所得按50%计入，其纳税额按20%税率计入	杭州
降低指定业务所得税率	园区内企业相关业务所得税按地方财政贡献部分奖励70%	海宁
梯度递减税收优惠力度	在园区内的新设立企业和迁入园区的企业总部，前五年分别按90%到50%递减税收奖励力度纳税	湖州

4. 引才奖励政策

人才是人力资源产业发展的核心动力，也是人力资源服务产业园发展的关键因素。引才奖励政策是指通过对不同主体实施奖励，以引进更多人才进驻产业园的一种政策措施。针对人力资源服务的特殊属性，许多产业园都对人力资源服务的机构、服务对象、机构管理人员等主体进行不同力度的奖励（见表6），以增进园区吸引力。如深圳对人力资源服务机构进行奖励补贴，人力资源部门每年对园区机构进行评估，给予引进人才成效明显的机构最高50万元奖励；南京则对人力资源服务对象（用人单位）进行奖励，鼓励用人单位通过园区内服务机构引进高端人才，对用人单位引进人才的成本进行补贴。

表6　产业园引才奖励政策情况

奖励对象	引才奖励政策分类	具体措施	实施该政策的产业园
服务机构	资金奖励	鼓励企业通过中介机构、个人等引进人才，并根据引进规模和等级给予引才中介相应资金奖励	深圳、苏州、宁波、无锡、南京、青岛
服务对象	资金奖励	推荐用人单位引进高端紧缺人才，根据引进规模和等级给予企业相应资金补助	常州、南京

续表

奖励对象	引才奖励政策分类	具体措施	实施该政策的产业园
服务机构内的管理人员	购房、安家补贴	对认定的符合规定的园区高层管理人员最高给予10万元一次性安家补贴（上海）	上海、苏州、吴江
	人才公寓	对园区内符合规定的人才给予人才公寓优先申请权	青岛、佛山、湖州
	生活资金补助	入驻园区的人才符合政策规定的，给予4万～8万元资金补助（盐城）	苏州、盐城
	配偶、子女随迁	对园区内经区组织、人力资源部门认定的人力资源服务机构的高层次人才，帮助其配偶、子女户口随迁，其配偶优先推荐就业，子女就近入学	苏州、佛山、吴江
	外籍人士居留许可证优先签发权	符合规定的园区人才有出入境手续优先办理权，外籍人才有居留许可证优先签发权	佛山、吴江

5. 评优奖励政策

评优奖励政策，指产业园为鼓励入园机构提升专业化水平而实施的一种奖励政策，主要包括鼓励企业转型创新、支持行业标准制定、奖励荣誉称号企业等具体政策措施（见表7）。如重庆产业园设立优秀企业专项奖，每年组织一次优秀企业评选活动，并给予获奖企业5万～10万元不等的一次性奖励；苏州产业园每年按照入园企业对地方财政及苏州高新区人力资源服务的贡献度，评选出10家优质人力资源服务机构，一次性给予10万～50万元奖励。

表7 产业园评优奖励政策情况

评优奖励政策分类	具体措施	实施该政策的产业园
鼓励企业转型创新	鼓励园区企业发展新兴人力资源业务和产品，针对进驻园区的机构或企业的申报成果和研究开发费用，进行50%～150%不等的成本摊销	南京
支持行业标准制定	对参与国家行业标准制定、对行业有突出贡献的，根据贡献成果给予10万～20万元的奖励	深圳
奖励荣誉称号企业	对获得省、市级荣誉称号或排名的，按照排名给予入选企业不同程度的表彰和奖励	上海、南京、常州、湖州
鼓励特色业务开展	鼓励园区企业开展福利、薪酬等特色外包业务，并按其业务所形成的财政贡献给予10%的资金奖励，最多可达10万元	海宁
奖励园区自主评选企业	设立园区奖项，对入园企业按照不同标准，选出对园区财政贡献大的，予以资金奖励	苏州、武汉、重庆
品牌奖励	经认定为国家、省、市级知名商标的园区企业机构，分别给予2万～10万元一次性奖励；对被评为AAA级、AA级企业信用等级的人力资源服务机构，分别给予3万元、2万元一次性奖励	宁波

6. 其他相关政策

为吸引更多人力资源服务机构入驻园区，产业园不仅颁布了租金补贴优惠、财政奖励、税收优惠等政策，还根据各产业园实际情况和发展目标，颁布了融资优惠、招商优惠、鼓励行业交流、提供配套服务等相关政策（见表8）。

表8 产业园的其他相关政策情况

其他奖励政策分类	具体措施	实施该政策的产业园
融资优惠	建立5000万元的银行信贷支持，公司开户免收手续费，并开通“绿色通道”，给予进驻企业融资优惠	吴江、湖州

续表

<table>
<tr><th colspan="2">其他奖励政策分类</th><th>具体措施</th><th>实施该政策的产业园</th></tr>
<tr><td colspan="2" rowspan="2">招商引优</td><td>经园区审核确定为重点引进的知名人力资源企业，符合园区规定标准的，入驻一年经考核同意后，即给予企业10万~50万元不等的相应资金奖励</td><td>佛山、青岛</td></tr>
<tr><td>对符合园区奖励标准的入驻企业和机构，给予一次性20万元的入园奖励</td><td>无锡</td></tr>
<tr><td rowspan="2">加强交流</td><td>“走出去”</td><td>鼓励进驻企业和机构参加国内外行业交流活动，最高可按20%补贴活动费用</td><td>佛山</td></tr>
<tr><td>“引进来”</td><td>支持园区企业承办各级高水平行业交流活动，对符合规定的活动给予最高20万元（佛山）或10万元（深圳）的资金补贴</td><td>深圳、佛山</td></tr>
<tr><td colspan="2">装修、物业、租用设施等补贴</td><td>对入驻企业的装修、物业费、设施租用等事宜，按照缴税额度等标准，给予一次性资金补贴</td><td>重庆、武汉、淄博</td></tr>
<tr><td colspan="2">配套服务</td><td>免费为园区企业提供业务代办窗口、地下停车位，建设园区食堂等服务措施</td><td>重庆</td></tr>
</table>

二、我国人力资源服务产业园建设成效及存在的问题

在我国人力资源服务业蓬勃发展的大背景下，各地产业园都结合地方发展实际，加强政策引导和扶持力度，在促进产业集聚、优化资源配置、提升行业水平、创造经济效益等方面取得了显著成效。

（一）我国人力资源服务产业园建设成效

1. 促进产业集聚，完善人力资源服务产业链

产业园的建立，使得人力资源服务产业链上的不同企业能够集聚于同一园区，产业链上的各个环节，如从高端人才猎头到普通员工招聘、从员工培训到人才测评、从人才派遣到人事

外包、从人力社保到创业孵化等，均可在同一个空间区域内完成。如苏州人力资源服务产业园已集聚163家人力资源服务机构，占全市961家人力资源服务企业的1/6，形成了招聘、培训、薪酬、人力资源外包、测评、咨询、人力资源信息软件等多位一体的综合产业链，年人力资源外包服务企业数量达34404家次，服务人群128万人次，年服务收入超过180亿元①。

同时，产业园能有效改变以往相关机构零散分布的局面，方便企业“一站式”购买人力资源服务，切实解决了当地及周边地区企业的需求。如在上海人力资源服务产业园成立之前，一家外资企业到上海设立公司，组建公司团队时可能需到多处寻找人力资源服务企业，如今只需在上海人力资源服务产业园，即可寻找到人力资源管理产业链上各个环节的服务项目。

2. 加快人才引进和培育，优化人力资源配置

一方面，产业园的落成有利于各类人力资源服务机构充分发挥其专业性，优势互补，因地制宜，为当地及辐射半径内的地区引进和培育合适的人才，满足不同层次的人才需求。另一方面，产业园能充分利用自身优势，为企业和求职者提供对接平台，既满足了劳动者的求职需求，又可以帮助企业找到合适的员工。如在江苏常州人力资源服务产业园承办的“2017江苏省智能制造业高校毕业生公益专场招聘会”中，常州产业园除了为高校毕业生提供与企业对接的平台之外，还为他们提供职业生涯规划、就业指导、素质测评、信息推送等个性化、精细

① 参见苏州人力资源服务产业园官网：http：//www. zgszhr. com/html/index. php。

化和专业化服务。烟台人力资源服务产业园不仅通过举办“烟台游子回乡创业”等活动，引导烟台籍人才回到家乡贡献自己的力量，还充分发挥园区的中介作用，通过举办高端人才专场对接会、人力资源服务高峰论坛等活动，吸引各类人才了解烟台、投资烟台、布局烟台，为经济和社会发展提供强大的人才智力保障①。

3. 创造经济效益，推动经济结构转型升级

为人力资源服务业搭建实体平台、建设产业园，也会产生巨大的经济效益，增加地方财政收入。据统计，上海人力资源服务产业园在2011—2014 年，园区营业收入和税收收入年均增长 75% 和 58%②，2016 年税收规模更是达到了 11. 17 亿元，远超不少县域全年的税收③；浙江嘉兴人力资源服务产业园 2016 年的营业收入为 9. 06 亿元，税收达 1544. 21 万元④；无锡人力资源服务产业园 2015 年全年园区企业实现产值 12. 64 亿元，2016 年发展更为迅猛，1—6 月实现产值 9. 53 亿元，纳税 712. 47 万元⑤。据课题组的实地调研，投入运营仅 1 年多的省内第一家人力资源服务产业园——佛山人力资源服务产业园 2017 年全年营收预计超过 1 亿元。

---

① 三年引进 500 余人！人力资源服务产业园发挥“猎头作用”助力当地引才［EB/OL］. 人才东网，［2017 - 07 - 24］. http：//www. rcsd. gov. cn/zixun/gongzuodongtai/201707/t20170724_361278. html.

② 上海人力资源服务产业园建设五年观察——集聚发展凸显“雁阵效应”［N］. 中国组织人事报，2015 - 07 - 31.

③ 一座楼税收超过一个县［N/OL］. 中国组织人事报，［2017 - 04 - 24］. http：//www. zuzhirenshi. com/dianzibao/2017 - 04 - 24/4/67f390ca - 0660 - 4da1 - 8cb4 - 9e6bf9701714. htm.

④ 人力资源服务产业“碰撞”楼宇经济［EB/OL］. 秀洲新闻网，［2016 - 12 - 14］. http：//jxxznews. zjol. com. cn/xznews/system/2016/12/14/020936653. shtml.

⑤ 无锡人力资源服务产业园的昨天、今天和明天［EB/OL］. 无锡新传媒网，［2016 - 08 - 16］. http：//wuxi. people. com. cn/n1/2016/0816/c131315 - 28639668. html.

4. 实现资源共享、信息互通，促进企业交流合作

作为开放式载体，产业园为入驻的企业提供了一个资源共享、信息互通的平台。尽管企业同属人力资源服务业，但每个企业所专长的领域不同，各个细分子行业内的企业可以实现互通有无、优势互补。产业园的建设，可以为统一平台内的企业提供良性竞争和互相学习的环境，促进企业之间的交流合作。如苏州人力资源服务产业园吴江园区每月都组织入驻企业相互交流、分享心得，共谋发展。通过这项活动，入园企业还可以相互介绍业务，如吴江志博人力资源有限公司通过产业园及时传递信息，最终和吴江红岭人力资源有限公司达成合作，实现了供给和需求的有效对接，也达成了“1 + 1 > 2”的双赢局面[①]。

5. 培育自主品牌，做大做强本土企业

产业园还是孵化企业的平台载体。产业园在吸引企业进驻的过程中，不仅注重从外部引进已具备一定发展规模的企业，还注重招引具有良好发展前景的中小型企业，使得本土企业可以在园区得到培育并做大做强。成立于2003年的上海博尔捷人力资源集团就是一个典型的案例。在进驻上海产业园之后，博尔捷的业务从原来的培训、人才派遣、人事代理和传统招聘等较为低端的业务转向了人力外包灵活用工、网络招聘、精英猎头、咨询评测、人力资源产业园运营等五大系列产品，彻底实现了企业转型并迅速发展成为业内标杆企业。苏州本土企业金色未来人力资源集团成立于2002年，是第一批进驻苏州高

① 吴江人力资源服务产业园跻身“国家级”［EB/OL］. 中国江苏网，［2013－12－20］. http：//jsnews2. jschina. com. cn/system/2013/12/20/019694430_ 01. shtml.

新区产业园的企业。产业园提供的平台使得金色未来在同行的帮助和政府的指导下迅速发展，其在申请新三板上市的过程中同样获得了产业园的大力支持，上市仅用时8个月。烟台人力资源服务产业园同样注重培育中小企业，出台了《人力资源产业发展扶持政策》。目前，烟台人力资源服务产业园现有资本市场上市及挂牌企业2家，拥有上市后备企业3家[①]。

6. 拓宽政府购买服务渠道，提高政府管理效率

国内大部分产业园由地方政府出资建设，建成后再采用市场化的运作模式外包给企业进行日常运营和管理。如沪浙人力资源服务产业园、江苏盐城人力资源服务产业园、佛山人力资源服务产业园均外包给博尔捷公司进行规划和运营。对产业园进行企业化管理，不仅充分发挥了市场的决定性作用，还提高了政府的管理效能。如烟台以人力资源服务产业园为依托，积极开展市场化、社会化人才管理服务模式，鼓励以人力资源服务机构为代表的社会力量引进高层次人才，弥补政府力量不足的短板，提高人才引进工作成效。深圳人力资源服务产业园龙岗园区鼓励入驻机构参与政府公共服务产品采购竞争，搭建了与公共服务产品采购单位、采购行政监督部门信息交流的平台。

7. 提高行业社会认知度，促使行业健康有序发展

产业园的建设可进一步提升人力资源服务产业在现代服务业中的地位，营造利于产业发展的良好环境。一方面，吸引优质企业进驻园区，可以丰富人力资源服务产品，提升服务品

① 烟台人力资源服务产业园内又一企业新三板上市［N/OL］. 烟台晚报，［2017－07－12］. http：//www. shm. com. cn/ytwb/html/2017－07/12/content_ 3258945. htm.

质，不断提高人力资源服务业的社会认知度。如重庆产业园目前已集聚60多家国内外优质人力资源服务企业，其中，市外企业占40%，5家中外合资企业、2家境内企业进入世界100强名单，10家企业获得驰名、著名商标，15家企业荣获全国或省市诚信示范人力资源服务机构称号，20多家企业的营业收入在1亿元以上，园区内企业的品牌影响力、业绩实力都是行业翘楚。

另一方面，大部分产业园都由政府牵头建设，因此一般都具有良好的公信力和服务信誉。尤其是产业园的布局基本上都是公共服务与经营性服务并重，而公共服务主要集中在工商、人力资源和社会保障、劳动仲裁等方面。行政部门的进驻对于提高产业园公信力有着重要作用，可以为求职者及有意购买人力资源服务的企业提供一个良好有序的市场环境。人力资源服务业可以通过产业园这一平台树立行业良好形象。

8. 提高人力资源服务水平，提升企业人力资源管理效率

随着产业结构的转型升级，用人单位对员工的要求逐渐提高，人才问题越来越成为制约企业发展的瓶颈，且是企业难以独立有效解决的问题。因此，具有专业资源整合优势的人力资源服务机构，是企业做大做强不可或缺的战略合作伙伴。一些产业园不仅提供经营性人力资源服务，还会定期举办企业HR公开课，提升HR的业务水平。如江苏常州人力资源服务产业园联合智联招聘举办了公开课“劳动用工管理中的常见疑难问题及解决方案”，为企业HR提供了学习平台，有效地提升了当地企业的人力资源管理和服务水平。

(二) 我国人力资源服务产业园发展面临的问题

尽管各地产业园自建设以来取得了显著成效，但功能定位、管理模式、企业自身实力等方面的原因，使得各地产业园在发展过程中难免出现一些问题，主要体现在以下几个方面。

1. 发展模式同质化较为明显

目前来看，产业园发展模式的同质化现象较为明显，如产业园的功能都包括产业集聚、企业孵化、市场培育，缺乏有地方特色的个性化或差异化功能定位。这对于新建的产业园来讲尤为明显。有些产业园的功能定位和发展目标缺乏明确的规划，没有考虑到当地人力资源服务的市场需求和行业发展前景，有盲目跟风建设之嫌。同时，还有些产业园的园区功能布局仅是公共服务与人力资源服务的简单聚合，仅是物理空间上的聚集而非功能上的有机组合。

每个地方的经济结构和发展水平不一样，对人力资源服务产品的需求也不尽相同，经济欠发达地区可能对中低端人力资源服务的需求更大，而经济发达地区对中高端，尤其是定制化服务产品的需求更大。因此，产业园的规划建设和功能定位，尤其是引进机构类型的选择、配套设施的安排等，都需要体现出产业园的地方特色，而非人云亦云、面面俱到。

2. 综合竞争力有待加强

目前，不少产业园入驻的企业多数为人力资源或劳务派遣企业，服务产品也一般集中在中低端市场，而在战略咨询、猎头服务、网络数据和职能外包等中高端服务的业务领域实力比较薄弱。同时，根据课题组对各地产业园政策的资料整理，各地产业园对进驻企业的优惠补贴，如租金优惠、活动补贴、人才服务等，针对的都是人力资源服务企业，而对人力资源上下游及其他相关企业的扶持较少。因此，产业园对其他相关业态企业的吸引力不大，园区内机构所提供的服务产品种类不多，且集中于人力资源服务领域，忽略了其外延，导致综合服务水平不高，尚未形成完整的产业链条，产业园的综合竞争力还有待加强。

3. 尚未充分发挥市场在资源配置中的决定性作用

目前，大多数产业园是由政府出资筹建的，因此有的政府部门在园区规划、建设投入和运营管理等方面存在“大包大揽”的现象，尽管鼓励社会资本参与，但社会资本的参与力度远远不够。同时，由于一开始入驻产业园的企业对财政优惠依赖较大，一旦取消优惠政策或缩减资金扶持力度，产业园的优势可能会被削弱。如苏州产业园对企业的补贴长达 6 年，但这些补贴一般是梯度递减的，而大部分产业园如佛山、宁波、淄博、湖州等地的优惠政策只有 3 ~ 4 年。因此，产业园在后续发展中如何充分发挥市场作用，就成了产业园管理者必须要解决的问题。

4. 管理体制机制有待进一步完善

当前，我国正处于全面深化市场经济体制改革的进程中，长期以来靠行政手段推动人力资源服务业发展的情况尚未完全改观，各地产业园的建设也主要依靠政府投资来带动，因此产业园的运营管理机制会受到当地政府管理体制、市场经济发展程度、创新环境以及地方财税能力等基础条件的影响。尽管多数产业园都强调园区管理采取“市场化运作”的模式，但仍有部分产业园行政管理色彩较为浓厚，出现“政事不分”“事企不分”的现象，管理体制机制有待进一步创新和完善。

三、松山湖（生态园）人力资源服务业发展状况

园区的人力资源服务业可分为公共服务和经营性服务两类。在公共服务方面，园区可以基本承接市人力资源局所能提供的公共服务内容，园区企业或个人可直接到园区人力资源局办理人力资源公共服务。除此之外，园区根据自身发展特点，尤其注重提供人才公寓、人才补贴、人才项目申报等方面的人力资源公共服务。

关于经营性服务，以下将从服务供给、服务需求、存在问题等3个方面重点介绍。

（一）园区人力资源经营性服务供给现状

经过多年的发展，目前园区的人力资源经营性服务已形成一定的行业基础，涌现出一批包括东莞欢雀人力资源服务公司、东莞友才网络科技有限公司等在内的业界知名人力资源服务机构。课题组通过对园区内7家人力资源及相关专业服务机构进行问卷调研和交流座谈，得出的主要结论如下。

1. 机构资本实力较为雄厚

从园区机构的注册资本来看，受访机构的注册资本均在50万元以上，其中51万~100万元的占29%，501万~1000万元的占比接近一半，为42%，1000万元以上的占比近1/3（见图2），可见园区机构的资本实力普遍较为雄厚。

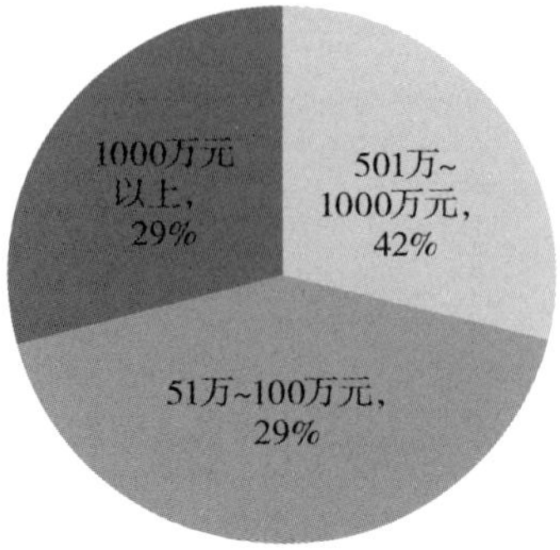

图 2　园区机构注册资本情况

注：其他类别企业数为0。

2. 机构运营状况稳定

从机构的经营年限来看，成立时间在1年以上的占大多数，为60%，运营时间在4年以上的占45%，甚至有15%的机构运营时间在10年以上（见图3）。可见，园区机构运营状况普遍较为稳定。

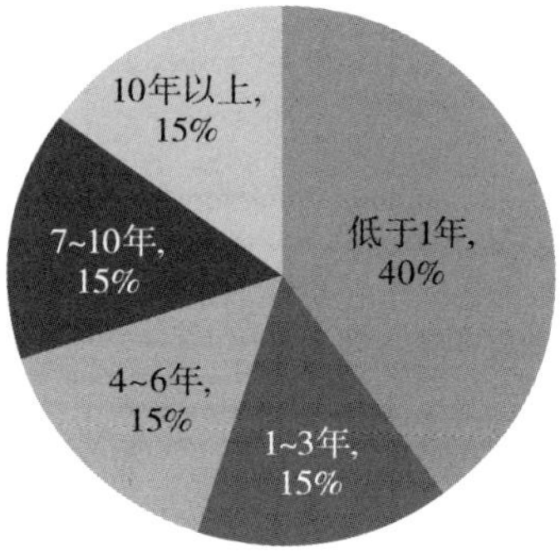

图 3　园区机构经营年限统计

3. 机构普遍具备相当规模

从园区机构的员工规模来看，有86%的机构人员数量在10人以上，其中员工在30人以上的机构占比为43%，仅有个别机构由于成立时间较短，员工规模尚小（见图4）。对比佛山产业园中发展较好的智联招聘的人员规模（约 50 人），园区内不少机构在行业内已初具规模。

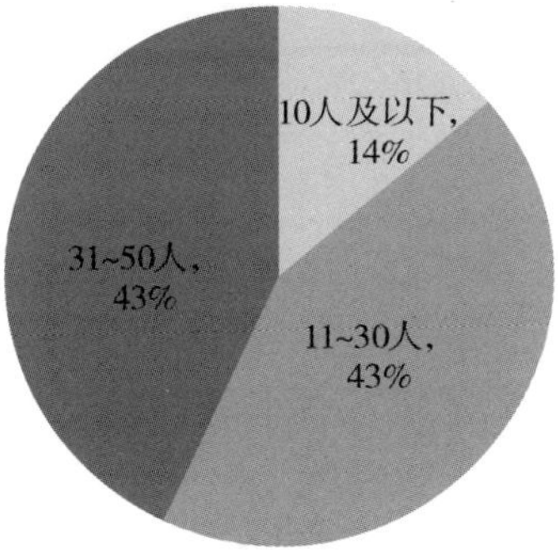

图 4　园区机构人员规模统计

4. 部分机构发展势头良好

从园区机构的总体经营状况来看，有 40% 以上的受访机构年营业收入在 100 万元以上，其中有 14% 的机构实现了 500 万元以上的营业收入（见图 5）。这说明，园区有相当一部分机构发展势头较好。

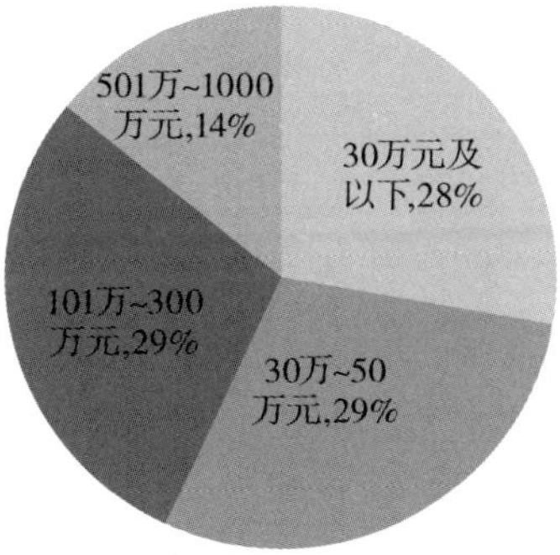

图 5　园区机构 2016 年营收情况

注：其他类别企业数为 0。

由图 6 可知，园区机构 2016 年纳税一般在 100 万元以下，其中纳税在51万~100万元的占比近1/3，纳税在10万元以上的占比为57%，说明部分机构对园区的财政贡献还有较大潜力。

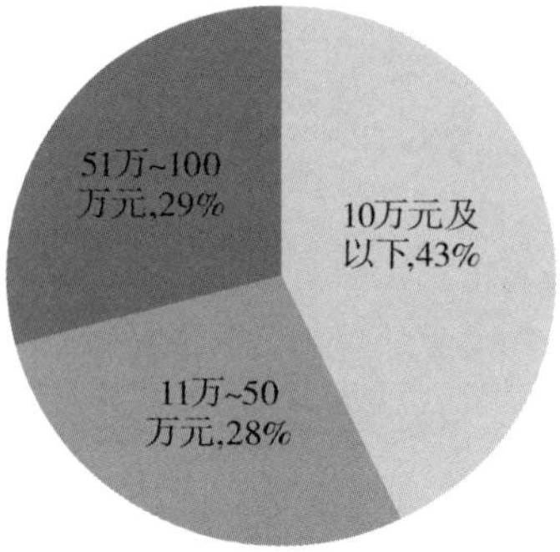

图6　园区机构2016年纳税情况

5. 产品供给种类较为丰富

从园区机构提供的服务产品来看，服务项目涉及人力资源管理咨询服务、招聘服务、猎头服务、人才测评服务、劳务派遣、薪酬服务、培训服务、人力资源业务流程外包服务、法律服务、金融服务等十几项业务（见图7），基本涵盖了人力资源及其相关行业的产业链条。其中，机构提供较多的服务产品分别是招聘服务（有71%的机构提供此项服务）、科技咨询服务（71%）、人力资源管理咨询服务（57%）、培训服务（57%）等。

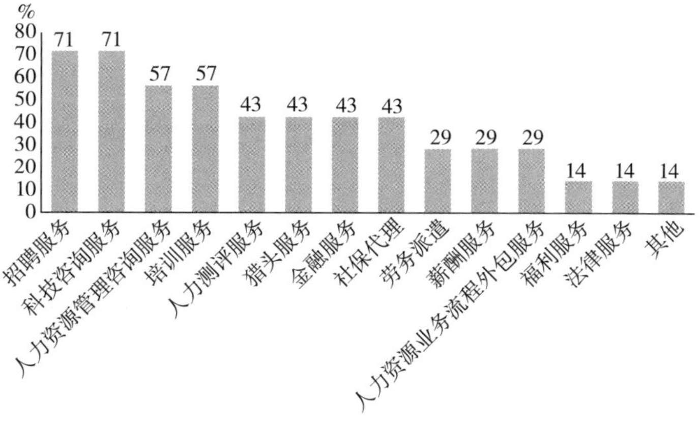

图 7　园区机构提供服务产品种类情况

6. 服务区域以园区外为主

从园区机构的服务区域分布来看，仅有 14% 的机构主要服务于园区内部，约有 57% 的机构主要服务于周边镇街及东莞市其他地区，还有 29% 的机构的服务对象主要位于东莞以外的珠三角地区（见图 8）。这一方面说明园区机构有实力抢占其他区域市场，服务能力较强，另一方面也说明园区的人力资源服务市场有待进一步发掘。

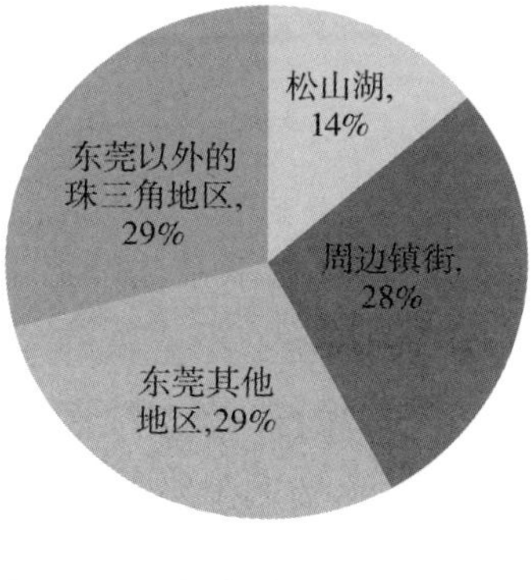

图 8　园区机构主要服务区域情况

（二）园区人力资源经营性服务需求状况

课题组通过对园区人力资源服务需求方——17 家企业的代表进行问卷调研和交流座谈，了解到园区企业相关人力资源服务需求状况如下。

1. 企业购买服务的需求较为旺盛

通过调研了解到，有 59% 的受访企业于 2016 年购买了人力资源专业服务（见图 9），这说明园区企业对人力资源服务的需求较为旺盛。

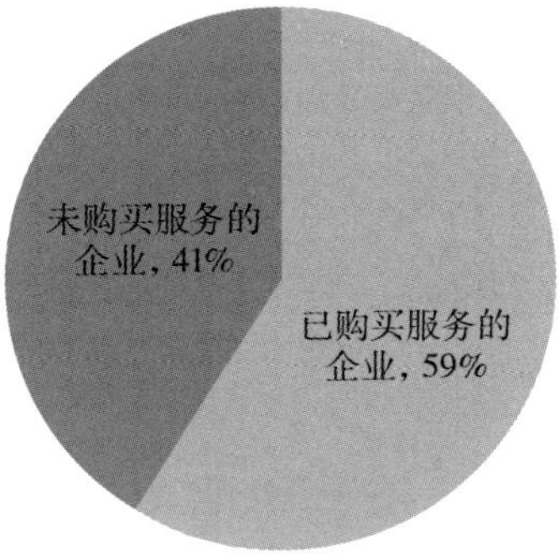

图 9　企业 2016 年购买人力资源服务情况

2. 园区服务市场空间较大

从企业 2016 年购买人力资源服务总体花费资金来看，有 40% 的企业花费 10 万元以上，其中 20% 的企业花费达 50 万元以上（见图 10）。这表明，园区人力资源服务产业具有广阔的市场需求空间。

3. 购买服务种类多样，招聘服务需求最为迫切

从园区企业购买人力资源服务产品种类来看，全部受访企业都购买了招聘服务这一产品，其他依次是培训服务（60%）、

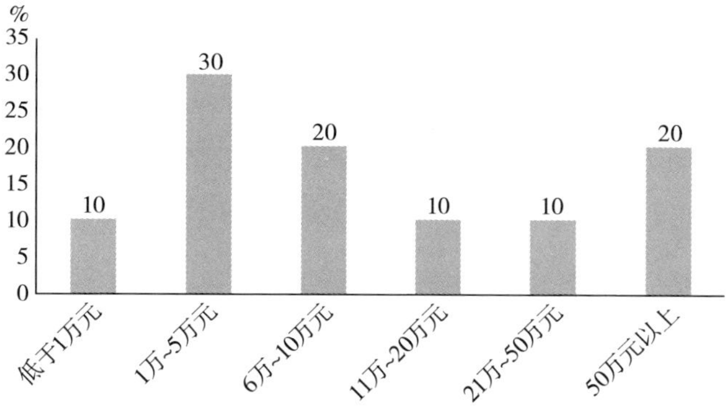

图 10 企业 2016 年购买人力资源服务花费资金情况

猎头服务（50%）、人力资源管理软件（40%）、劳务派遣（30%）、人力资源管理咨询服务（20%）、人才测评服务（20%）、薪酬服务（20%）、社保代理服务（10%）等（见图 11）。

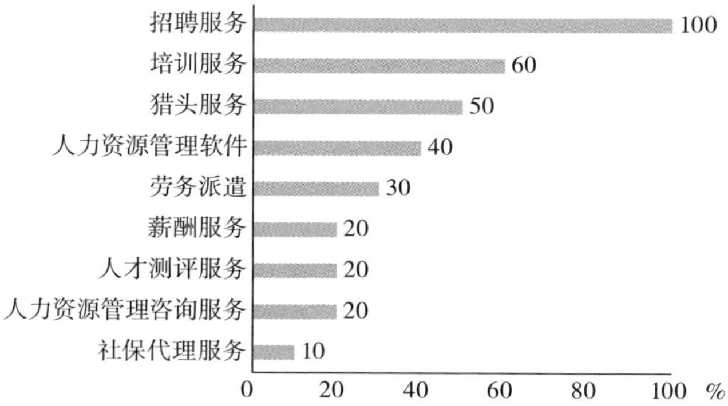

图 11 企业 2016 年购买人力资源服务类型

另外，受访企业对与人力资源服务产业相关的其他服务的需求也较旺盛。有 60% 的企业购买了知识产权服务，有 50% 的企业购买了科技申报服务，其他服务需求依次为年检申报（30%）、法律咨询（30%）、产品检测（20%）、技术成果转化（20%）、投融资（10%）、企业上市（10%）、技术咨询（10%）、代理诉讼（10%）等（见图12）。这反映了园区企业对人力资源及其相关产业的服务需求呈现出多元化、专业性的特点。

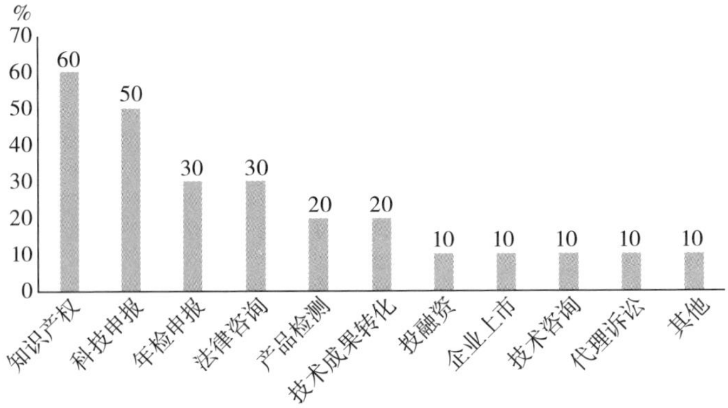

图12　企业2016年购买与人力资源产业相关的其他服务类型

4. 企业最看重机构的实力与产品质量

从企业购买人力资源服务的主要考虑因素来看，企业最看重服务商的背景、从业资质，选择这一选项的企业占全体受访购买服务企业的90%。其他则依次是服务商的信誉（80%）、服务商行业服务经验（70%）、服务产品丰富程度（60%）、服务产品的价格（40%）、服务商与企业距离（10%）等（见图13）。这说明机构的实力和服务产品的竞争力才是赢得企业和市场认可的关键因素，也表明了园区需要布局具有公信力的品牌机构。

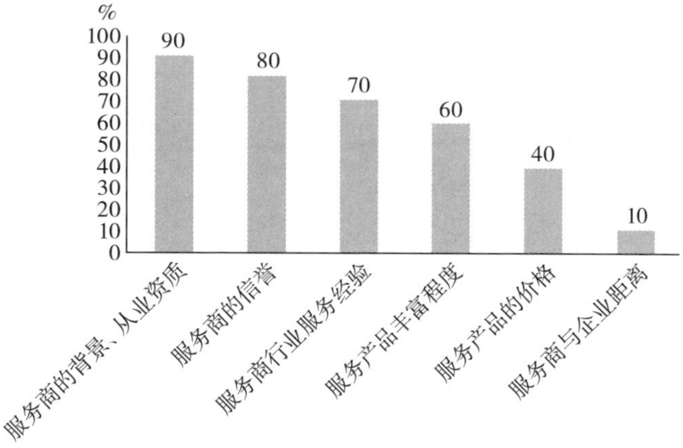

图 13　企业购买人力资源服务的主要考虑因素

5. 购买对象以园区外服务商为主

从企业购买服务的人力资源服务商所处区域来看，仅有20%的企业选择向园区机构购买服务，而且有高达40%的企业选择向广州、深圳等临近珠三角城市的机构购买服务产品（见图14）。这在一定程度上反映了目前园区人力资源服务机构的产品未能充分满足企业的需求。

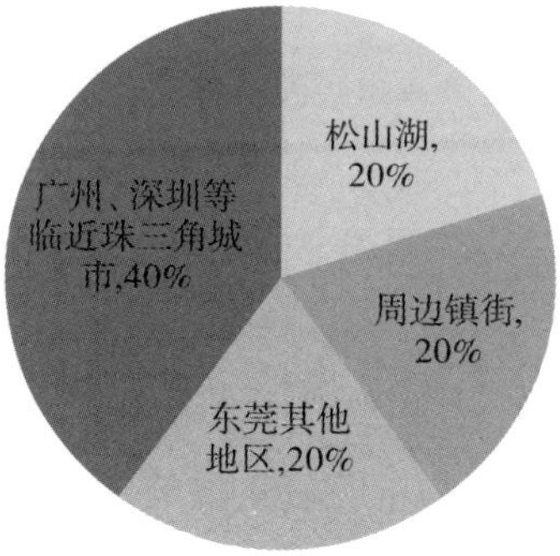

图 14　企业购买服务的人力资源机构所处区域

6. 部分企业对人力资源服务重视不足

从企业没有购买人力资源服务的原因来看，排在首位的是企业内部员工可完成相关工作，选择该选项的企业占57%；排在并列第二位的是相关经费较少和对人力资源服务产品没有了解，均占43%；其他原因依次是产品价格过高（29%）、园区无企业所需相关服务产品（14%）、有相关产品但不能满足需求（14%）等（见图15）。由此可见，一方面，园区部分企业对人力资源服务重视不足，行业市场还有待进一步挖掘；另一方面，园区人力资源服务产业链有待进一步完善，服务能力和水平也有待进一步提升。

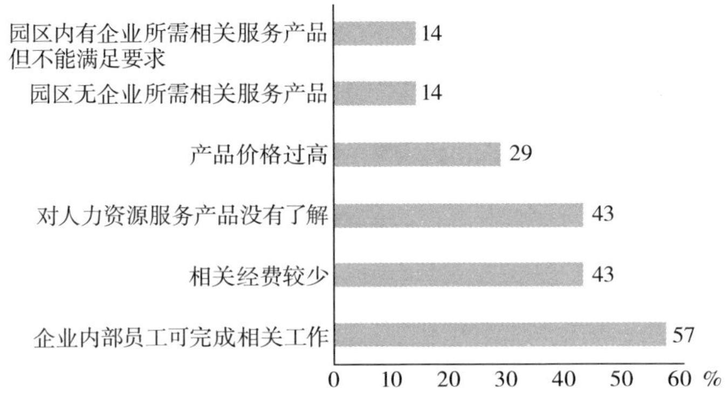

图15　企业没有购买人力资源服务的原因

（三）园区人力资源经营性服务存在的主要问题

通过对园区机构代表和企业代表的问卷调研结果以及座谈内容进行分析梳理，课题组总结出园区人力资源服务业在经营性服务方面，主要存在以下几点问题。

1. 行业尚未形成集聚优势，专业人才欠缺

尽管园区人力资源服务业经过近年来的不断发展已打下了

较好的行业基础，但暂未形成集聚优势，行业氛围也有待进一步营造和完善。另外，有40%的受访机构和65%的受访企业认为，“专业人才缺乏”是目前园区人力资源服务业在发展过程中存在的突出问题，这一点也能从园区部分机构的人员规模较小这一现象中反映出来。

2. 产品层次有待提升，产业链条有待完善

通过调研了解到，尽管目前园区机构提供的服务产品种类较为丰富，但仍有57%的受访机构认为园区机构提供服务的产品层次较低，有41%的企业代表认为目前园区的服务产品种类不齐全，还有30%的企业表示园区机构的服务产品无法满足企业的需求。因此，一方面，园区的人力资源服务产品层次有待进一步提升；另一方面，产业链条也需要进一步丰富和完善，以更好满足园区企业的多元服务需求。总之，园区需要引进、培育更多有实力的人力资源服务机构，以满足园区及周边企业的发展需求。

3. 供需双方对接机制有待建立健全

从前文分析来看，目前园区人力资源服务业还存在较为明显的供需信息不对称问题。一方面，园区人力资源服务机构为园区企业提供服务的尚不多，仅有14%的受访机构的业务范围主要位于园区，58%的受访机构的业务集中于周边镇街及我市其他地区，甚至有的机构，如东莞市友才网络科技有限公司已将业务延伸至深圳、惠州、天津等地，而其园区内的服务客户也仅寥寥数家；另一方面，高达40%的园区企业的人力资源服务商位于广州、深圳等周边大城市。可以看出，园区人力资源服务明显呈现供需双方不对称的现象，对接机制有待建立

健全。

另外，园区人力资源服务业还存在市场秩序有待进一步规范和完善、行业相关扶持政策欠缺等方面的问题。

四、建设松山湖（生态园）人力资源服务产业园的必要性和优势

（一）建设松山湖（生态园）人力资源服务产业园的必要性

通过以上对园区人力资源服务业特别是经营性服务的供给、需求以及现存问题的分析梳理，课题组认为在园区建设人力资源服务产业园非常必要，主要理由有以下几点。

1. 满足企业旺盛需求的需要

人力资源服务需求是企业发展过程中的生产性需求。伴随着人力资源服务业的演进，目前园区内企业对猎头服务、人才测评、人才咨询、人力资源软件系统等新兴服务的需求也日益旺盛。根据调研，目前园区内超过 40% 的企业需要向位于广州、深圳等珠三角城市的机构购买相关服务产品，超过 80% 的企业选择向园区以外的人力资源服务机构采购服务产品，这充分说明目前园区内企业的诸多人力资源服务需求尚无法得到满足。合理引进、培育优质人力资源服务机构，形成规模优势，从而满足园区企业日益多样化、精细化的人力资源服务需求是建设人力资源服务产业园的首要任务。

2. 促进行业集聚发展的需要

目前，园区人力资源服务行业发展还面临着产业链不完

善、机构少而散、服务能力不强等突出问题。如在园区注册经营的人力资源专业服务机构仅有3家，规模最大的东莞市友才网络科技有限公司也仅有40余名工作人员，而且机构分布在园区的不同区域，服务资源和力量较为分散。

从调研结果来看，有86%的受访机构认为有必要将人力资源服务机构集聚起来成立产业园。受访机构代表普遍认为，通过产业园的建立，一则可以将产业链上的不同机构集中在一起，促进人力资源服务产业链的健全和完善；二则便于政府部门进行服务和管理，加强政府部门和机构间的沟通协调，为相关政策的落地实施提供支持；三则可以对园区内规模相对较小、服务能力较弱的机构产生示范带动作用，促进园区人力资源服务业整体服务水平的提升。

3. 增进供需双方对接的需要

正如前文所述，目前园区人力资源服务供需双方存在信息和服务不对称的问题，这可能是两方面原因所致，一是园区服务机构的产品尚不为企业所知晓，二是现有服务产品未能满足企业的需求。不少机构和企业代表们提出，建立产业园，不仅将促进园区人力资源服务产业链的完善，丰富服务产品供给，也能推动园区人力资源服务业服务水平的提升，增强行业影响力，满足不同类型企业对服务产品的多样化需求，有效促进园区人力资源服务供需双方的精准对接，实现双方互利共赢。

4. 降低企业运营成本的需要

企业经济效益的提高一般通过两种途径来实现：一是提高产品竞争力，二是降低运营成本。多家受访企业表示，一方面，建立产业园、发展人力资源服务业，可以促进园区企业将非核心、事务型、重复型的业务外包给第三方人力资源服务机构，以此降低企业用人成本、提高利润，让企业把更多精力、人力、物力投入公司核心业务，提高产品竞争力。另一方面，产业园的建立，将改变以往园区企业舍近求远，购买广州、深圳等地人力资源服务产品的尴尬局面。产业园建成后，企业将“足不出园”，在“家门口”享受“一站式”“全链条”的专业服务，这也大大节省了企业的沟通成本、时间、资金等，增强了企业发展效益。

5. 塑造行业优质品牌的需要

受访企业表示，以往由于缺乏有序的规划和引导，园区人力资源服务机构的发展呈现出良莠不齐的局面，品牌竞争力较弱。71%的受访机构认为，建设产业园能够加快形成人力资源服务品牌效应。通过产业园的建设，逐步形成完善的机构引进和退出机制，加强规范化管理和服务，将有力促进园区人力资源服务业品牌形象的提升。一方面，产业园通过设立一定的标准和门槛，确保引进机构的品质和信誉在行业内占据优势地位，而且通过建立退出机制，强化协议管理，实行末尾淘汰制度，“倒逼”入园机构提升服务质量和服务效益；另一方面，入园的人力资源服务机构由政府部门审核，并进行规范化管理，无形中也增加了公众对入园机构的信任度，提高了行业的整体社会认知度，有利于园区良好行业形象和品牌的塑造和提升。

6. 孵化机构促进成长的需要

目前园区人力资源服务业之所以还不太完善，与有些人力资源服务机构规模较小、服务能力不强关系密切，而这也与园区欠缺有序引导不无关系。有67%的受访机构认为园区存在人力资源市场制度和监管体系建设滞后的问题，这就亟须相关部门加以孵化、支持与引导。纵观国内其他人力资源服务产业园，一般都具有孵化企业（机构）的功能，如上海人力资源服务产业园、苏州人力资源服务产业园、浙南人力资源服务产业园等，都将“孵化企业（机构）”作为产业园的功能定位之一。在实践层面，各产业园也切实发挥了这方面的重要作用，如苏州人力资源服务产业园积极为入园机构金色未来人力资源集团提供战略规划、政策咨询、上市辅导、资金对接等方面支持，帮助金色未来从初创时“小而全”的经营模式发展为专注于高端人才服务的猎头机构，并顺利在新三板挂牌，成为苏州市人力资源行业第一家上市公司。

7. 优化人才资源配置的需要

据调研，目前园区的部分人力资源服务机构规模偏小，产业链不完善。一方面，机构吸纳专业服务人才的空间和数量十分有限，如受访机构中，没有一家机构的员工规模超过50人，而且员工规模在30人以下的机构占比达57%。有40%的受访机构、65%的受访企业认为，专业人才缺乏成为制约园区人力资源服务业发展的突出问题。另一方面，机构通过市场配置资源，为园区企业引进、培养人才的作用还有待进一步增强。

产业园的建立，将吸引更多的人力资源及相关服务机构入驻。机构的集聚发展，不仅可以带来人力资源服务业专业人才的大量汇集，通过专业的服务、人力资源配置的优化，也可以为园区企业招引、培育人才提供便利，切实满足企业的用人需求。如西安人力资源服务产业园引进了万宝盛华、华为培训中心、北京外服、上海外服等100多家人力资源服务和高端人才培训机构入驻，从业人员达7000余人[①]；烟台人力资源服务产业园猎头公司三年来累计为芝罘区企事业单位引进各类高端人才500余人[②]。这些实例充分体现了产业园在集聚人才方面的重要作用。

8. 转变政府管理职能的需要

在人才资源管理上，我国普遍存在"大政府、小社会"的特点，这与各地人才市场化、社会化管理服务体系不健全、不完善不无相关，园区也或多或少存在同样的问题。中共中央《关于深化人才发展体制机制改革的意见》明确提出，要转变政府人才管理职能，健全市场化、社会化的人才管理服务体系。

实践证明，产业园是推进人力资源服务市场化、社会化的重要抓手。通过建设产业园，积极引进培育各类专业社会组织和人才中介服务机构，有序承接园区政府部门转移的人才培养、评价、流动、激励等职能，能够为各类人才自由流动、科学评价、产权保护、有效激励提供便捷高效的社会化服务，促进政府人才管理职能的转变，提高政府公共服务的均等化程度和服务效率。

（二）建设松山湖（生态园）人力资源服务产业园的优势

园区在区位、经济、产业、行业、政策等多方面的优势，

① 西北首个国家级人力资源服务产业园落户西安［EB/OL］. 人民网，［2017－08－08］. http：//politics. people. com. cn/n1/2017/0808/c1001－29455422. html.

② 三年引进500余人！人力资源服务产业园发挥"猎头作用"助力当地引才［EB/OL］. 人才山东网，［2017－07－24］. http：//www. rcsd. gov. cn/zixun/gongzuodongtai/201707/t20170724_ 361278. html。

为产业园的建设和良性发展奠定了坚实基础。

1. 区位优势明显

园区位于东莞市几何中心，坐落于“广深港”黄金走廊腹地，南临香港、深圳，北靠广州，地理位置十分优越。而且，园区作为国家高新技术产业开发区、国家自主创新示范区、广东省人才发展改革试验区“三区”叠加的核心区域，着力打造东莞的科技中心和创新中心，致力于发展循环经济，不仅是东莞市致力于发展模式创新、推进结构调整和产业升级、提升城镇化质量、打造松山湖片区“1+6”统筹联动组团发展的核心组成部分，也是全市创新驱动发展的集聚区、生力军和加速器。作为生产性服务业，人力资源服务业在园区的发展壮大，将对园区产业的发展起到重要的支撑作用，并对周边镇街乃至整个东莞人力资源服务业的发展产生强大的辐射带动作用。

2. 市场前景广阔

首先，园区企业对人力资源服务的需求较为旺盛。据调研，园区60%的企业在2016年购买了相关人力资源服务，超过40%的企业购买服务的花费超过10万元，有20%的企业购买服务投入甚至超过50万元。以此简单推算，园区一般中小型企业（超过350家）每年在购买人力资源相关服务方面的总投入至少为3000万元①。

其次，园区龙头企业华为是人力资源服务业务采购巨头。

---

① 根据调研结果推算，园区购买人力资源服务的企业占比约为59%，那么350家中小企业中会购买人力资源服务的企业约为207家。按最小购买力计算，购买资金为0.1万元、11万元和21万元的企业各占比10%（即各为21家），购买资金为1万元的企业占比30%（即62家），购买资金为6万元和50万元的企业各占比20%（即各为41家），则总购买资金为21×（0.1+11+21）+（62×1）+41×（6+50）=3032.1万元。

据了解，华为自20世纪90年代就开始探索实行人力资源外包，目前该公司大量技术岗位、人力资源岗位等均通过人力资源外包途径实现。作为其在东莞市业务的主要人力资源外包合作商之一，位于寮步镇的东莞信鸿集团年纳税额超过2000万元。

最后，根据相关人才需求监测数据，东莞市是珠三角地级市中人才需求最为旺盛的城市，目前全市市场主体已超过90万家。人力资源服务是企业发展过程中的刚性需求，作为全市首家人力资源服务产业园，松山湖产业园面对的不仅是园区内企业的人力资源服务需求，还有来自周边镇街、全市乃至珠三角其他地区的市场主体的巨大需求。作为参考，2016年正式投入运营的佛山市人力资源产业园（同样位于新兴开发园区内），预计2017年全年的产值将超过1亿元。

3. 行业基础较好

从园区内该行业发展情况来看，目前园区人力资源服务业已形成较好的行业氛围和基础，涌现出一批包括东莞欢雀人力资源服务公司、东莞友才网络科技有限公司等在内的业界知名人力资源服务机构。据统计，在园区经营超过4年以上的机构占比超过45%，这些机构运营平稳、实力雄厚，在服务园区企业的同时，也服务于周边镇街乃至全市。

从服务内容来看，这些机构的服务项目涉及人力资源管理咨询服务、招聘服务、猎头服务、人才测评服务、劳务派遣、薪酬服务、培训服务、人力资源业务流程外包服务、法律服务、金融服务等十几项业务，形成了较为完整的产业链条。从年营业收入来看，超过40%的机构营收突破100万元，个别机构营收超过500万元，具备相当的发展潜力。从企业员工规模来看，员工规模超过30人以上的机构占比约为43%，考虑到该行业为智力密集型行业，可以说园区目前的服务机构已具备了一定规模。

从全市行业发展情况来看，东莞市具备人力资源中介资质的服务机构总量居全省地级市首位，拥有在全国具有较高知名度的本土人力资源服务企业智通人才、高地人才等。2016年，智通人才年营业收入达到112万美元，进入Hroot 2017全球人力资源服务机构100强。另外，全国人才招聘领域内的领军企业——智联招聘、前程无忧等也在东莞市设立了分公司，其中智联招聘进入东莞时曾将分公司设立在本园区内，但因当时园区配套不足等，后迁至市区。据了解，该分公司目前经营情况良好，年营业收入在1000万~1500万元，且计划将其集团公司的电商总部落至东莞市。

4. 政策体系完备

为全面落实《国务院关于同意珠三角国家高新区建设国家自主创新示范区的批复》要求和省委、省政府有关工作部署，充分发挥园区的引领、示范和支撑作用，2016年2月东莞市出台了《关于支持松山湖高新区产业开发区建设国家自主创新示范区的若干意见》，以40条超常规政策手段支持园区超常规发展。除此之外，为不断优化园区创新创业发展环境，市区两级相继出台了一系列科技、金融等相关扶持政策。同时，园区也重点针对生物技术、IC设计、文化创意、电子商务等领域，以及中高端人才出台了相关产业、人才政策（见表9、表10），形成了完备的政策体系，为产业园的建设以及人力资源服务业的发展提供了有力的政策保障。

表9　东莞市现行的科技创新创业政策、金融政策

类型	名称	出台年份
科技创新创业政策	《中共东莞市委东莞市人民政府关于实施创新驱动发展战略走在前列的意见》	2015
	《东莞市创新创业种子基金实施方案》	2015
	《东莞市促进企业研发投入实施办法》	2015
	《东莞市促进科技服务业发展实施办法》	2015
	《东莞市加快新型研发机构发展实施办法》	2015
	《东莞市加快科技企业孵化器建设实施办法》	2015
	《东莞市科技企业孵化器产权分割管理暂行办法》	2015
	《东莞市高新技术企业“育苗造林”行动计划（2015—2017)》	2015
金融政策	《东莞市科技保险试点工作方案》	2013
	《东莞市创新财政投入方式促进科技金融产业融合工作方案》	2014
	《东莞市促进科技金融发展实施办法》	2015

表10　园区现行的科技创新创业政策、金融政策、产业政策、人才政策

类型	名称	出台年份
科技创新创业政策	《松山湖高新区鼓励科技创业推进“扬帆起航”的实施办法（试行)》	2012
	《松山湖高新区营造创新氛围提升自主创新能力的实施办法（试行)》	2012
	《东莞松山湖高新区关于争创国家创新型科技园区的实施意见》	2012
	《松山湖（生态园）加快培育发展高新技术企业专项行动计划（试行)》	2015
	《松山湖（生态园）加快建设科技企业孵化器的行动计划（试行)》	2015
	《松山湖（生态园）创新创业大赛工作方案（试行)》	2015
	《松山湖（生态园）促进发明专利申请行动计划》	2015
	《松山湖（生态园）专利资助奖励办法（试行)》	2015
	《松山湖（生态园）“企业投资突出贡献奖”、“企业创新突出贡献奖”、“新型研发机构突出贡献奖”和“青年创业典范奖”奖励实施办法》	2015
	《东莞松山湖（生态园）促进科技金融发展实施办法》	2017

续表

类型	名称	出台年份
金融政策	《松山湖高新区关于建设金融改革创新服务区的实施办法（试行）》	2012
	《松山湖高新区推动多层次资本市场建设管理暂行办法（试行）》	2014
	《东莞松山湖（生态园）中以国际科技合作产业园股权投资专项资金管理暂行办法》	2015
	《东莞松山湖（生态园）中以合作企业贷款风险补偿资金池管理暂行办法（2016 年修订）》	2016
产业政策	《东莞松山湖文化产业发展专项资金管理暂行办法》	2011
	《东莞松山湖高新技术产业开发区促进集成电路产业发展管理办法》	2014
	《东莞松山湖高新区扶持大型商贸企业发展若干意见（试行）》	2014
	《东莞松山湖（生态园）促进电子商务发展专项资金管理暂行办法》	2015
人才政策	《松山湖（生态园）松源助学金管理办法（修订版）》	2016
	《关于鼓励东莞松山湖（生态园）企业在高校设立奖助学金的资助方案（试行）》	2016
	《关于大力引进台湾创新创业青年人才的实施办法》	2016
	《东莞松山湖（生态园）新引进人才生活补贴暂行规定》	2016
	《东莞松山湖（生态园）港澳青年人才创新创业专项资金管理暂行办法》	2017

5. 人才高度聚集

人才作为经济社会发展的第一资源，对促进行业的健康发展起着决定性作用。近年来，园区通过政策引导产业、产业聚集人才等方式，大力引进各类人才，人才队伍尤其是高端人才队伍建设工作取得了显著成效。据初步统计，截至 2016 年底，园区大专以上人才总量约为 50600 人，位列全市第十，占全市人才总量的 3.47%。这些人才中，博士 998 人、硕士 5149 人，硕士及以上学历人才数量位居全市第一。

在高端人才方面，截至 2017 年 7 月，园区已聚集“两院”院士 19 名、“千人计划”专家 33 名（占全市 94.3%）、“万人计划”专家1名、省创新科研团队17个（占全市65.4%）、市创新科研团队15个（占全市55.6%）、省领军人才6名、市领军人才47名、市特色人才127名（占全市62.3%）[①]，园区的高端人才数量稳居全市首位，已成为东莞市名副其实的人才高地。人才的广泛聚集也将为产业园的建设提供坚强的人才保证和智力支持。

6. 生活配套完善

园区坚持产城融合的发展理念，强化配套设施建设和城市管理工作，为企业和员工提供便利的生活环境。在交通方面，建成了超过300千米的道路和生态绿道，规划建设的地铁1号线、3号线贯通园区，途经园区的莞惠城轨也即将通车；在商住配套方面，拥有万科生活广场、创意生活城等购物场所，累计建设了绿荷居、兰馨园、幸福花园等近2万套质优价美的人才住房；在教育配套方面，拥有东莞理工学院、东莞中学松山湖学校、中心小学、艺鸣幼儿园等一批学校，形成了从高等教育到幼儿教育的完善的教育链条；在互联网服务方面，打造智慧园区，免费Wi-Fi已实现园区全覆盖；在医疗卫生配套方面，在完善社区卫生服务的基础上，积极引进社会资本，大力支持中医药发展，已开办广州中医药大学国医堂、泓德中医门诊部，推进东莞第二人民医院建设；在文化生活方面，定期举办松湖大讲堂、松湖live等文化品牌活动。产业园的建设，必将带来包括人力资源相关专业人才在内的一大批人才的入驻，完善的生活配套，很大程度上方便了人才的生产生活，免除了人

① 松山湖（生态园）擦亮人才建设“名片”［N/OL］. 东莞日报，［2017-07-21］. http://epaper.timedg.com/html/2017-07/21/content_1496116.htm.

才的后顾之忧。

7. 生态环境优美

作为绿化覆盖率超过60%的国家4A级景区，园区一直秉持“科技共山水一色，新城与产业齐飞”“生态与产业并举，创业与宜居并存”的规划理念，采取最有利于生态环境保护的内核式圈层结构布局、有利于产业集聚发展的功能区域布局，实现自然生态环境与人工设施的有机融合。目前已建成200千米的生态绿道，建成了总面积达350万平方米的生态公园，建成了下沙湿地、燕岭湿地、大圳埔湿地、中央水系等总面积约650万平方米的国家城市湿地公园。一流的生态环境不仅是园区的突出优势，也是园区乃至东莞市的一大亮点和品牌。在园区建设产业园，不仅有机契合园区的发展重点和功能布局，产业园也可以借助园区的这一品牌优势，在更高的起点上实现快速发展。

人才政策篇

东莞市特色人才特殊政策实施办法

（2018 年修订版）

第一章　总则

第一条　为加快实施“人才东莞”战略，构建人才型城市，充分发挥各类特色人才在“加快转型升级、建设幸福东莞、实现高水平崛起”中的引领和支撑作用，引进特定的人才群体，聚焦特色的行业、产业和领域，实行特殊的政策措施，营造特优的人才环境，特制定本办法。

第二条　本办法所指的“特色人才”包括在东莞市实施创新驱动发展战略，推进产业转型升级过程中重点发展的行业、产业、领域紧缺急需或作出相应贡献的高层次人才。“特色人才”共分为五大类，包括：

（一）特级人才，是指具有突出的学术造诣、社会影响力和创新创业能力的国际顶尖人才，或对东莞市经济社会发展作出重大贡献的经认定、评定的高层次人才。

（二）一类人才，是指获得相关国家级、特别分量的省级荣誉、奖项和技术职务及称号，或对东莞市经济社会发展作出突出贡献的经认定、评定的高层次人才。

（三）二类人才，是指获得相关省部级、特别分量的市级荣誉、奖项和技术职务及称号的，或一类人才中相应国家级荣誉、奖项和技术职务及称号的次位，或对东莞市经济社会发展作出重要贡献的经认定、评定的高层次人才。

（四）三类人才，是指获得相关市级荣誉、奖项和技术职务及称号的，或二类人才中国家、省级荣誉、奖项和技术职务及称号的次位，或对东莞市经济社会发展作出较大贡献的经认定、评定的高层次人才。

（五）四类人才，是指三类人才中获得相关市级荣誉、奖项和技术职务及称号的次位，或对东莞市经济社会发展作出积极贡献的经认定、评定的高层次人才。

同时，包括相当于特级、一类、二类、三类、四类人才的国（境）外人才和经市委、市政府认定的特色人才。

第二章　资金资助和奖励

第三条　科研、配套资助。

（一）国家级人才配套资助。对于中央“千人计划”“国家特支计划”等国家级荣誉和奖励，在东莞市申报并成功入选的人才，视人才项目层次及对东莞市经济社会贡献等情况，由市财政按国家资助的1∶1至1∶2的比例配套资助资金；由市外迁入东莞市的人才，视人才项目层次及对东莞市经济社会贡献等情况，由市财政按国家资助的1∶0.5至1∶1的比例配套资助资金。国家政策规定不予地方资金配套的除外。

（二）省级人才配套资助。对入选广东省引进创新创业团队和领军人才的团队和个人，视人才项目层次及对东莞市经济社会贡献等情况，由市财政按省财政资助 1∶0.5 至 1∶1 比例给予配套资助。国家、省政策规定不予地方资金配套的除外。

获得其他省级、国家级或以上荣誉和奖励的，可采用一事一议的方式报市政府研定配套资助事宜。

第四条 创业资助和奖励。

（一）对获得东莞市引进创新科研团队项目立项的团队，市财政将视团队的层次一次性给予500万元至1000万元的立项资助；在团队项目通过结题验收后，东莞市将从税收贡献、知识产权成果产出、项目资金投入、技术研发和产业化进程、人才引育等方面对团队项目的实施情况及经济产业发展贡献程度进行综合评价，并一次性给予不高于其立项资助经费额度的奖励经费。

（二）对东莞市确定立项的引进创新创业领军人才，给予100万元至200万元创新创业启动资金扶持；项目实施两年后，根据其营业额和税收、技术创新推进、行业带动、技术项目绩效、高层次人才聚集程度进行综合评价，给予领军人才100万元至300万元创新创业奖励。

第五条 创业扶持。

（一）贷款贴息。本办法实施期间，特色人才在东莞市通过银行贷款融资创办企业获得银行贷款的，市财政按其贷款期内实际支付利息最高不超过70%的比例给予贴息，贴息时间最长不超过两年，每家企业每年最高贴息100万元。

（二）场租补贴。本办法实施期间，特色人才在东莞市创办企业，各镇街（园区）要对本辖区范围内特色人才所创办企业给予场地租金补贴。每家企业纳入补贴范围的场地面积原则上不超过100平方米，每平方米每月补贴额不超过30元，补贴期限不超过两年。

第三章　生活待遇

第六条　居留和出入境。

（一）中央“千人计划”引进的外籍人才及其随迁外籍配偶和未成年子女申请在中国永久居留的，市公安局在10天内完成初审工作并上报省公安厅，50天内发放外国人永久居留证。其他类别特色人才及其随迁外籍配偶和未成年子女，符合外国人永久居留证申请条件的，市公安局在受理申请的两个月内完成初审上报工作。

（二）外籍人才及其随迁外籍配偶和未成年子女，尚未获得外国人永久居留证，可以办理2～5年的居留许可，在居留许可的有效期内多次出入境，并提供签证到期提醒服务。

（三）为特色人才及其家属开放快速绿色通道，快速办理外国人就业证、居留许可等相关证件，相关业务必须在其提交申请日起5个工作日内办结。居留许可有效期可放宽至2年以上。

（四）市车管部门开通绿色通道，对与我国签订互相认可的境外驾驶证，特色人才凭通行证或护照、在东莞市居住和工作证明，优先办理境外驾驶证换发国内驾驶证业务。

第七条　落户。

（一）特色人才落户东莞的，由公安机关简化程序，优化办理，并对没有加入其他国籍和没有在国外定居的人员，在全市范围内可以选择工作属地、房产属地所在社区落户。属华侨身份的，由市外事侨务局优先办理。

（二）打破以“落户东莞”为依据的政策限制，在东莞市就业创业人才可凭劳动合同、社保缴纳、个人所得税完税凭证、公司注册登记等证明材料申请享受东莞市住房奖励等人才资助政策。

第八条 住房。

（一）租住人才公寓。鼓励各镇（街道）、园区、企业建设高层次人才公寓，为工作关系在本市，且尚未在本市购买商品住宅房的人才，提供租住人才公寓优惠。

（二）租房补贴。对于来莞工作，且尚未在本市购买商品住宅房，也未申请人才公寓的，可申请租房补贴租住商品住宅房，补贴年限不超过三年。特级人才可享受每月最高5000元租房补贴，一类人才可享受每月最高3000元租房补贴，二类人才可享受每月最高2500元租房补贴，三类人才可享受每月最高2000元租房补贴，四类人才可享受每月最高1500元租房补贴。

（三）购房补贴。特色人才（配偶、未成年子女）未在本市范围内享受过房改房、解困房、安居房、经济适用住房或参加单位内部集资建房等购房优惠政策，且未在本市购买过商品住宅房，在获得东莞市特色人才称号后，为解决特色人才在莞住房问题，以本人（或配偶、未成年子女）名义在本市首次购买商品住宅房，按特色人才类别给予购房补贴。特级人才给予最高不超过250万元购房补贴，一类人才给予最高不超过200万元购房补贴，二类人才给予最高不超过150万元购房补贴，三类人才给予最高不超过100万元购房补贴，四类人才给予最高不超过30万元购房补贴。购房补贴从成为特色人才的当年起接受申请，从成功申请的下一年起按五年等额发放。

第九条 医疗。

（一）特色人才及其直系亲属可在东莞市任意一家二级（含按二级管理）以上医院享受绿色通道服务，快速便捷就医。

（二）为特色人才每年提供一次健康体检服务，制定个性化保健方案，提供健康咨询、健康评估、健康干预等服务，为期三年。

（三）特色人才在市定点医院就医时，由导医护士全程陪同，并帮助办理门诊、急诊、住院等手续。如遇病情比较严重的疑难病例，优先安排专家会诊，提供优质医疗和护理服务。

第十条 社保。

（一）引进的境外人才及其配偶、子女，凡与国内企业建立劳动关系或在国内创业的，在国家相关规定出台前，可按照《关于在东莞市就业的港澳台侨及外籍人员参加社会保险有关问题的通知》（东社保〔2010〕44号）规定，纳入东莞市社会保险参保范围。境外人才在东莞市参保并缴费后，按照权利与义务相对应的原则，其各项保险的相关待遇均按东莞市现行的相关规定给予支付。

（二）建立企业年金的用人单位，可对引进人才作重点倾斜，在规定范围内提高其企业年金单位缴费额度；尚未建立企业年金的用人单位，符合建立企业年金条件的，可优先为引进特色人才建立企业年金，再逐步覆盖全体职工。同时，用人单位也可以为其办理商业补充保险。

（三）特色人才在东莞市工作服务期间，无论其在何单位任职，不受单位参保形式的限制，允许其在参加东莞市社会基本医疗保险的基础上参加住院补充医疗保险及医疗保险个人账户，享受相应的医疗保险待遇，并允许其未在本市就业的配偶及直系亲属以灵活就业人员的方式参保。

（四）引进人才达到退休年龄时，参加企业职工养老保险累计缴费不足 15 年的，可由用人单位按相关规定为其进行补缴。

（五）对特色人才参加社会医疗保险（含市内外参保）个人缴费部分，按其类别分别给予每人每年 4000 元、3000 元、2000 元、1000 元、600 元定额补助，补助年限不超过三年。

第十一条　税收。

（一）人才取得的省级人民政府、国务院部委和人民解放军军以上单位，以及外国组织、国际组织颁发的科学、教育、技术、文化、卫生、体育、环境保护等方面的奖金，免纳个人所得税。

（二）特色人才按照对东莞市经济社会发展贡献程度按其上一年度所缴个人工薪收入所得税地方留成部分 80% 的标准予以补贴，每人每年最高补贴不超过 50 万元，不超过三年。

（三）引进外籍人才以非现金或实报实销形式取得的住房补贴、伙食补贴、搬迁费、洗衣费，暂免纳个人所得税。从外商投资企业取得的股息、红利，以及按合理标准取得的出差补贴、语言训练费、子女教育费等，暂免纳个人所得税。

第十二条　通关。

（一）回国定居或来华工作连续一年（含）以上的特级、一类、二类人才进境时，协助其申请省部级有关高层次人才认定证书；并在取得认定后，在规定范围内合理数量的科研、教学物品，海关依据有关规定予以免税验放；进境规定范围内合理数量的自用物品，海关依据有关规定予以免税验放；可以申请从境外运进自用机动车辆一辆（限小轿车、越野车、九座及以下的小客车），海关依据有关规定予以征税验放。

（二）海外留学人才来莞创办的企业属于国家鼓励发展的投资项目，在投资总额内因生产需要进口必要的自用设备和按照合同随设备进口的技术及配套件、备件，除国家规定不予免税的商品外，可申请办理减免税手续。

第十三条 配偶安置。

（一）引进人才配偶一同来莞并愿意在本市就业的，按照双向选择的原则，根据人才配偶原就业情况及个人条件，有关部门及用人单位积极做好联系协调等工作。

（二）用人单位安置就业有困难的，各级人力资源和社会保障部门积极帮助推荐就业。

第十四条 子女入学。

（一）特色人才子女入学时可在特色人才工作单位或落户所在的镇街（园区）选择入学，由市或镇街教育部门直接安排到市一级以上（含市一级）义务教育阶段公办中小学就读，并享受免费义务教育待遇；初中毕业生可按本市户籍学生待遇报考高中阶段学校。

（二）其他人才子女在入学时除通过积分制途径申请入读义务教育阶段学校外，还可按企业投资规模和税收贡献等按分配指标数优先安排入读义务教育阶段公办学校。

（三）引进人才子女办理转学手续，教育行政部门优先受理办结。

第十五条 薪酬。

（一）用人单位参照引进人才回国或来莞前的收入水平，协商确定引进人才的合理薪酬，可不受国内薪酬体系的限制。

（二）用人单位及有关主管部门对作出突出贡献的创新创业人才，可实施期权、股权和企业年金等中长期激励方式。

第十六条 其他。

（一）在东莞市各级行政办事窗口可享受绿色通道，快速便捷办理相关业务。

（二）免费游览东莞市纳入政府定价、指导价管理的景区。

（三）其他新增服务。

（四）国家、省、市对引进人才的其他待遇规定，从其规定。

第四章　日常管理

第十七条 人才的认定评定工作由市人才工作领导小组统筹领导，日常管理工作由市人力资源局负责，具体业务工作由市人力资源局会同相关单位共同实施。

第十八条 每两年编制一次人才目录，基本明确顶尖人才、国家级、省级和市级的荣誉、奖项和技术职务及称号的范围，为人才认定、评定提供标准和依据。

第十九条 各级优秀的人才达到或接近高一级别特色人才标准的，均可以申请高一级别特色人才评审，由市人力资源局会同相关部门进行资格审查，经第三方评估机构进行综合评审，报分管市领导审定后，公示无异议的，确定为高一级别特色人才。

第二十条 人才在同类优惠政策符合多种优惠层级的，只可以享受一种优惠形式，不可以重复享受。人才同时符合多个人才层级的，按照其最高人才层级享受优惠政策，但其自愿按照低人才层级申请的，不可以按照高人才层级再次申请；人才层级提升后，符合规定条件、标准的，按照不重复得利的原则调整相关人才优惠标准。

第二十一条 建立健全人才资助、奖励和补贴等支出效益监管和绩效评价制度。通过第三方评估等形式，对人才、团队的产业化和成果化进行考核，不断提高人才、团队引进培养的科学性、针对性和实效性。

第二十二条 建立支持特色人才创新创业的知识产权激励与保护机制，鼓励特色人才创新成果知识产权化，推动特色人才的自主知识产权优先在东莞实现产业化和资本化，并为其提供知识产权优先服务和重点保护。

第二十三条 有下列情况之一的，不再享受本办法规定的有关资助、奖励和生活待遇：

（一）在申报各级财政扶持资金、各类人才计划和科技项目，以及从事科学研究中，存在弄虚作假的；

（二）因个人原因或工作变动不在东莞工作的；

（三）其他应当予以撤销的情形。

其中，上述第（一）种情形需依法追回有关财政资助、奖励、补贴及荣誉称号。

第二十四条 本办法明确的人才生活待遇，按照属地原则，由所在镇（街道）、园区职能部门提供相应服务，鼓励通过购买社会服务提升人才服务质量。

第二十五条 引才奖励。对为东莞市引进特级人才、一类人才、二类人才、三类人才和四类人才的企业、社会组织和非全额财政核拨的事业单位，每引进1名人才，按其人才层次分别给予50万元、20万元、10万元、5万元、2万元奖励。每个单位每年最高可获50万元奖励。各镇街、园区对其辖区范围内招才引智工作突出的村（社区）和企业可适当予以奖励。

第五章 附则

第二十六条 本办法所指“特色人才”，应在2013年3月13日后来莞工作或创业，且年龄应未满60周岁（年龄计算以申报当年1月1日为限）。有特别突出贡献者，年龄条件可适当放宽。

第二十七条 党政机关、参照公务员法管理的事业单位人员，原则上不列入认定评定对象。有突出贡献者，经市政府同意后，列入认定评定对象。

第二十八条 本办法由市人力资源局会同相关部门共同解释。

第二十九条 本办法自2016年1月1日起正式实施，有效期至2020年12月31日止。在2015年12月31日前认定、评定的东莞市特色人才适用《东莞市特色人才特殊政策暂行办法》（东委发〔2013〕8号）；其后认定、评定的东莞市特色人才适用本办法。

关于打造创新驱动发展升级版的行动计划

（2017—2020 年）

创新驱动发展是世界大势所趋，时代脉络所系。当前，在广东为全国实施创新驱动发展战略提供支撑的新征程中，东莞作为广东重要创新城市和广深科技创新走廊的腹地，必须紧紧把握历史机遇，主动作为，勇于担当，以更高目标更大力度持续深入推进创新驱动发展，力争在全省建设国家科技产业创新中心的战略部署中走在前列，在广东为全国创新驱动发展提供支撑中作出更大贡献，打造东莞创新驱动发展升级版，推动在更高起点上实现更高水平发展，制订行动计划如下。

一、目标要求：实现“三个转变”

以习近平总书记对广东“四个坚持、三个支撑、两个走在前列”的要求为统领，深入贯彻省第十二次党代会精神和胡春华书记来莞调研重要指示精神，切实强化创新驱动发展战略的核心地位，坚持市场导向、企业主体，突出成果转化，以建设广深科技创新走廊为主线，以散裂中子源等重大科技平台为支撑，以深化体制机制改革为动力，推动东莞从科技支撑产业向科技引领产业转变，从分散式创新向协同式全域创新转变，从服务自身发展为主向支撑国家重大战略需求转变，力争用三年时间，将东莞打造成为粤港澳大湾区的创新高地和具有全国影响力的科技产业名城，迈入国家创新型城市行列。

二、创新布局：打造一条走廊

未来三年，突出将东莞全域打造成为北接广州、南联深圳，贯穿珠三角东岸的广深科技创新走廊，聚焦松山湖（生态园）、滨海湾新区以及市内三条主要南北交通干线，凝聚创新资源，部署关键节点，重点建设好“一廊”“两核”“三带”。

推进广深科技创新走廊东莞段建设。加强与广州、深圳的合作，以全面深化改革为契机，打破跨区域跨领域的制度障碍，推动重大科技平台和基础设施共享，促进人才、技术、资金、信息等创新要素自由流动、深度融合，汇集全球优势资源着力打造“两核”“三带”，激发创新创业活力，加快科技创新走廊产业提质增量，推动科技创新走廊沿线环境提升。

打造松山湖（生态园）创新核心。突出松山湖（生态园）的创新核心引领作用，强化规划整合，构建“1+6”统筹联动组团发展的新格局，集聚国内外高层次创新主体和人才，充分发挥散裂中子源项目及辖区新型研发机构的后期研发和产业化作用，力争把以散裂中子源为主体的中子科学城打造为综合性国家科学中心。

打造滨海湾创新核心。抢抓粤港澳大湾区和广深科技创新走廊建设的历史机遇，统筹推进滨海湾新区规划与建设工作，对接“一带一路”建设，主动融入粤港澳大湾区建设，深化莞港合作，向深圳前海和广州南沙两个自贸试验区看齐着力推进交通一体化、产业市场化、环境国际化，重点发展现代海洋产业、高端制造业和现代服务业，努力打造成为东莞开放型经济引领区，成为东莞经济的新增长极和兴奋点。

建设广深高速创新带。依托广深高速，北接广州科学城和天河区，南联深圳南山区，以“三旧”改造为契机，重点建设中心城区创新区、水乡新城创新区等主要节点，加快建设华科城·创新岛产业孵化园、东莞天安数码城、虎门服装协同创新中心、中国电子虎门产业园等一批创新载体（园区），注重发展高端装备制造、新型电子信息等高端产业，打造一条制造业转型升级创新带。

建设莞深高速创新带。依托莞深高速，北接中新广州知识城，南联深圳龙华区，重点建设松山湖国家自主创新示范区、中子科学城等主要节点，加快建设松山湖大学创新城、东莞台湾高科技园海峡两岸青年创业基地、“901 两岸青创联盟”海峡两岸青年就业创业示范点、松湖智谷科技产业园等一批创新载体（园区），注重发展科技研发、创新服务和总部基地等知识型经济，打造一条知识型产业创新带。

建设广深铁路创新带。依托广深铁路，北接广州天河区，南联深圳龙岗区，充分利用深圳外溢的科技创新资源和区域良好生态资源，重点建设广东东莞粤海银瓶合作创新区、东部创新中心创新区等主要节点，加快建设横沥模具产业园、常平高新技术产研中心、常平国际创新港、清溪力合双清创新基地等一批创新载体（园区），注重高端装备制造和战略性新兴产业引进培育以及发展生态旅游，打造一条现代制造业创新带。

三、主要任务：实施十大计划

（一）实施创新型城市“提速计划”

切实围绕省创新驱动发展“八大举措”，全面提升国家高新技术企业、新型研发机构、企业技术改造、孵化育成体系、高水平大学建设、自主核心技术攻关、创新人才队伍、科技金融结合等八方面工作，力争在全省创新驱动发展工作中走在前列。

积极申报国家创新型试点城市。完善《东莞市建设国家创新型城市试点工作实施方案》，推动创新主体培育、科技成果转化、科技产业融合发展、区域科技平衡发展等方面取得突破性成效，全力争取国家科技部、发展改革委支持，力争2020年前入选全国创新型城市。

（二）实施重大科学基础设施“鲲鹏计划”

加快建成中国散裂中子源，加快推进谱仪共建，积极推动相关高校院所、大型企业与中国散裂中子源合作建设一批多学科的国家级、省级（重点）实验室等科技创新及成果转化平台。

争取上级支持启动同步辐射光源等大科学装置规划，与散裂中子源互为补充，在环松山湖（生态园）地区形成配套完整、协同有力，可支持多学科研究的综合性国家科学中心。

启动建设材料科学广东省实验室。整合集聚国内相关高校、中国散裂中子源、市内相关新型研发机构以及国内外材料领域优质创新资源，在先进材料、器件和关键装备等领域重点突破一批重大关键科技难题，争取5～10年迈入国家实验室行列。

（三）实施科技创新平台“支撑计划”

加快推进中国第三代半导体产业南方基地建设，首期投入2亿元建设第三代半导体技术联合研究院，依托国家第三代半导体产业技术创新战略联盟，集聚国内外资源开展第三代半导体材料、衬底、外延、器件、封装、模组等全产业链的技术研发及产业化，用3～5年时间打造成为国内重要的第三代半导体研发平台和产业集群。

实施国家级创新平台增量行动。推动企业、高校与科研院所建设国家重点实验室、工程实验室、工程（技术）研究中心、国家地方联合工程研究中心（工程实验室）等一批国家级平台，市财政对每个平台给予最高1000万元资助。

加快推进东莞材料基因高等理工研究院、东莞先进光纤应用技术研究院等平台建设；鼓励支持社会力量组建新型研发机构，市财政对经认定的省级新型研发机构一次性给予100万元奖励。

完善新型研发机构激励管理机制。支持新型研发机构加强产业协作，提升运作效益，发挥其溢出效应，实现经济效益和社会影响力双提升。理顺新型研发机构及其孵化企业国资备案及确权程序，推动新型研发机构孵化企业走上资本市场。

（四）实施核心技术攻关“攀登计划”

实施核心技术攻关行动。三年组织实施100项核心技术攻关重点项目和前沿项目，在智能制造和高端装备、以移动互联与器件为核心的高端新型电子信息、云计算与大数据、新能源汽车、新材料、生物医药等六大领域形成一批具有核心知识产权和产业化能力的关键技术成果，在新一代人工智能、机器人、增材制造（3D 打印）和激光制造、先进电子材料、宽带通信和新型网络、新一代信息化装备等前沿领域突破一批关键技术及核心功能部件，抢占技术制高点。市财政给予每个核心技术攻关项目最高 2000 万元资助。

鼓励发展区域性科技众包平台。三年内认定扶持 10 个科技众包平台，采用“互联网＋科技研发”的模式，发挥企业在核心技术攻关中的主体地位，面向海内外发布东莞市经济社会发展重大技术需求，充分调动全球优势科研力量“为我所用”。

（五）实施龙头科技企业“倍增计划”

落实东莞市重点企业规模与效益“倍增计划”。推动各类创新资源向倍增计划试点企业集聚，推动企业尽快实现倍增，并发展成为行业龙头企业。

实施高新技术企业“树标提质”行动。结合企业创新能力、成长潜力、税收贡献等情况，三年评选和重点打造 100 家高新技术明星企业。采取“一企一策”的方式，重点引进一批创新能力强、发展潜力大的科技型龙头企业。

大力推动企业研发机构建设。三年内市财政每年安排 1 亿元，推动规模以上工业企业研发机构覆盖率达 40%，主营业务收入 5 亿元以上的大型工业企业普遍建立研发机构。

（六）实施新兴产业“引领计划”

加快打造智能制造全生态链。推进实施智能制造“百、千、万”工程，将东莞建设成为全国智能制造先行地区。

依托散裂中子源和中子科学城，推进松山湖（生态园）南部片区统筹规划建设，大力发展移动通信、新材料、民用核技术、生物医药、先进能源、先进装备制造等高端产业，形成规划面积达20平方千米的战略性新兴产业基地。

实施高新技术产业“三链融合”行动计划。瞄准高新技术产业发展前沿领域，通过“一业一策”，引领产业高端化发展。到2020年，全市战略性新兴产业规模力争突破5000亿元，做大做强新一代信息技术产业，加快发展高端装备制造、新能源汽车优势产业，积极培育生物技术、节能环保、新材料、激光制造以及增材制造（3D打印）等潜力产业。

努力争创国家军民融合创新示范区。建立完善具有东莞特色的国防科工和配套产业体系，组织实施市科技装备动员项目，加强军民融合创新平台和创新能力建设，支持军转民、民参军以及军民两用技术或产品的研发、应用和推广。

（七）实施创新人才“领航计划”

加快推动市名校研究生培养（实践）基地建设。支持东莞市科技企业与高水平高校开展研究生联合培养，争取到2020年吸引国内外20所以上高水平大学进入基地，在培研究生达到500人以上，并申报建设全国工程专业学位研究生联合培养示范基地。

引进国内重点高校与国际知名高校资源落户东莞，推动开展国际化的政产学研合作。加大力度支持东莞理工学院建设研究型、创新型大学。

组建东莞市科技创业学院。以企业形式组建科技创业学院，积极对接港澳台创新资源，强化港澳台青年来莞创业的创业培训、课题研究和交流宣传等。

加快引进创新科研团队。积极实施“靶向引才”，健全柔性人才流动机制，加大财政投入，继续引进海内外高水平创新科研团队，三年内引进30个市级创新科研团队。启动建设市级创新科研团队培育库，储备一批产业化前景好、发展潜力大的人才团队项目，三年内培育后备团队30个，市财政给予每个培育团队最高200万元资助。

加快引进创新创业领军人才。继续引进海内外高水平创新创业领军人才，三年内引进45名领军人才。对引进居世界领先水平的战略科学家，一事一议，特事特办。

打造高层次人才社区。在松山湖（生态园）新建一批人才共有产权房，打造高层次人才社区，配建教育、医疗、交通等公共设施。统筹安排用地计划指标，按照“政府统筹、定向销售、公开透明”原则，三年内在松山湖（生态园）先行建设规模级科技人才公寓2000套，限价定向供应给东莞市引进的高层次人才和青年专业人才。

加大高层次创新人才引进力度。支持博士后工作站及流动站建设，对建设单位及入站博士后给予专项补贴。对新引进的博士、硕士（户籍和人事档案关系在东莞），市财政分别一次性给予10万元和3万元安家补贴，镇（街道、园区）按1:1配套。建立东莞市创新技能型人才库，积极引进技能大师。

（八）实施院士成果转化“玉兰计划”

打造广东省院士成果转化基地。重点建设技术研发中心、工程实验中心、技术转移中心、成果推介中心、人才培养中心、合作交流中心等6个中心，建立院士成果与企业、金融机构的对接机制，打通科技成果转化通道，推动院士团队科技成果在莞实现“开花结果”。定期策划举办院士成果展。加快建设院士工作站，三年建设40家。

建立东莞产业发展院士咨询机制。依托广东省院士成果转化基地成立东莞发展战略院士咨询委员会，聘请不少于20名院士为委员，为东莞科技创新及产业转型升级建言献策。

（九）实施国际科技交流合作“联网计划”

构建国际科技交流合作网络。支持市内新型研发机构、骨干企业等在发达国家（地区）设立海外创新基地，直接对接国际产业技术的最前沿。三年支持建立20个具有独立法人资格的研发中心，市财政给予每个中心最高500万元资助。建设和命名一批国际科技合作平台和海外中心，并优先支持获得国家科技部认定的国际科技基地组建相关平台或中心。

建设东莞国际技术转移中心。吸引一批国（境）外科研机构、技术转移机构以及商（协）会进驻，形成凝聚国（境）外产业、技术与人才汇聚东莞、落户东莞的桥头堡。支持设立国际技术转移基金，加速推动海外早期高科技创业项目落户我市。

策划举办中国（国际）科研机构创新成果交易会。举办中国（国际）科研机构创新成果交易会，提升中国（东莞）国际科技合作周的国际化、专业化、市场化水平，使之成为国际技术、人才和项目的展示交流合作平台。

（十）实施知识产权“护航计划”

申报国家知识产权强市。积极争取国家知识产权局支持，全面提升知识产权各项工作，争取三年内获准创建国家知识产权强市。

构建知识产权大保护格局。建立新业态、新模式创新成果保护机制；在松山湖（生态园）试点开展专利、商标、版权管理体制改革；完善和提升广州知识产权法院东莞诉讼服务处职能；进一步完善东莞市知识产权维权援助中心和中国东莞（家具）知识产权快速维权援助中心的功能，争取国家在东莞市设立智能手机知识产权保护平台，加大保护力度。

建设知识产权大厦。强化市知识产权交易服务中心功能，吸引一批优秀知识产权服务机构入驻，打造区域知识产权服务综合体。

提升知识产权创造运用水平。大力推动专利产业化，进一步活跃专利运营市场，培育发明专利大户，打造知识产权强企。

四、支撑保障：促进“四个提升”

（一）思想认识再提升

全市各镇（街道、园区）、各部门要牢固树立“抓创新就是抓发展”的理念，摒弃对科技创新的畏难思想以及“科技创新见效慢，不如招商引资来得快”“科技与经济是两张皮”等错误认识；切实增强创新驱动发展的责任感和紧迫感，思想更加解放，眼光更加前瞻，推动更加主动，以抓铁有痕、踏石留印的作风落实各项工作。进一步发挥“创新讲习所”的阵地作用，不断增强镇（街道、园区）、部门领导以及全市科技工作者等的创新驱动发展理念。充分利用各类媒体，聚焦宣传东莞市重大创新成果和典型事例等，让创新理念在莞邑大地蔚然成风。

（二）经费投入再提升

在原有“科技东莞”工程专项资金的基础上，市财政每年新增 10 亿元用于支持创新驱动发展，重点支持重大科研基础设施建设、核心技术攻关、龙头科技企业培育、人才团队建设、重大科技成果产业化等。各镇（街道、园区）应当保障科技创新经费持续稳定增长，逐年加大财政性科技经费投入。

（三）政策环境再提升

全面落实国家、省、市创新驱动发展扶持政策，加快出台东莞市建设国家自主创新示范区实施方案，推动自主创新示范区政策先行先试。贯彻“三个区分开来”，探索建立容错机制，保护和激发干部推动创新驱动发展工作的积极性和主动性。各镇（街道、园区）要围绕创新驱动发展，有针对性地制定出台相应的支持政策，形成具有可操作性的具体实施计划、工作方案等，形成政策合力。不定期举办创新驱动发展政策发布会和宣讲会等，全面激发各类创新主体活力。

（四）管理机制再提升

加强市全面深化改革加快实施创新驱动发展战略领导小组的领导，强化市创新驱动发展战略领导小组办公室（以下简称市创新办）的统筹协调作用，完善工作机制，加强部门联动。优化创新治理体系，加快打造科技业务阳光政务平台2.0版本，全面提升科技项目管理水平。各镇（街道、园区）要调整优化创新驱动发展工作机构，进一步提升基层科技创新治理水平。探索从高等院校、研究院选拔一批科技人才到有关镇（街道）挂职锻炼。推动事业单位性质、企业化运作的新型研发机构加快体制改革，重点推动新型研发机构及其孵化企业的资本运作机制改革。加强各镇（街道、园区）创新驱动发展工作成效的监测评价体系建设，并切实加大创新驱动发展在镇（街道、园区）领导班子落实科学发展观工作考评中的分值权重。

东莞市博士后管理工作实施办法

第一章　总则

第一条　为大力引进和培养创新型高层次人才，完善和规范东莞市博士后管理工作，加大博士后工作扶持力度，促进产学研结合，加快企业转型升级，提升企事业单位科研、生产技术和经营管理水平，根据《博士后管理工作规定》（国人部发〔2006〕149号）、《广东省人民政府办公厅转发国务院办公厅关于改革完善博士后制度意见的通知》（粤府办〔2016〕73号）精神，结合东莞市实际，制定本办法。

第二条　在本市辖区内设立的博士后科研流动站、博士后科研工作站（含分站）、博士后创新实践基地、博士后公共实验室、服务于博士后工作的企事业单位及社会机构，以及博士后研究人员的管理及相关工作，适用本办法。

第三条　本办法所称博士后科研流动站（下称流动站）是指在高等院校或者科研院所具有博士学位授予权的一级学科内，经批准可以招收博士后研究人员的组织。

本办法所称博士后科研工作站（下称工作站）是指在东莞市具备独立法人资格的企事业单位等机构内，经批准可以招收博士后研究人员的组织。

本办法所称博士后科研工作分站（下称分站）是指在东莞市具备独立法人资格的企事业单位等机构内，经批准可以在东莞市高新技术产业开发区（园区）等综合性工作站指导下招收博士后研究人员的组织。

本办法所称博士后创新实践基地（下称创新实践基地）是指在东莞市具备独立法人资格的企事业单位等机构内，经备案可以委托流动站招收博士后研究人员的组织。

本办法所称博士后公共实验室是指在东莞市具备独立法人资格的企事业单位等机构内，经批准建立的区域性或行业性博士后公共实验室（研究中心）。

本办法所称服务于博士后工作的企事业单位及社会机构是指通过政府转移职能、购买服务等方式，为博士后科技研发、自主创新、成果转化、人才引进或培养等方面提供服务的东莞市具备独立法人资格的企事业单位或社会组织。

本办法所称博士后研究人员（下称博士后人员）是指在设立流动站、工作站、分站、创新实践基地单位（下称设站单位）从事博士后研究工作的人员。

本办法所称的博士后特约研究员（下称特约研究员）是指因项目或科技成果产业化等需要，通过产学研合作形式继续为出站企业提供技术服务的出站博士后人员。

第四条 博士后资助、管理及相关工作经费列入市财政年度预算。鼓励各镇街（园区）结合实际给予配套支持。

第二章　管理机构和职责

第五条　市人力资源局是综合管理本市博士后工作的职能部门，具体职责如下：

（一）贯彻落实国家和省有关博士后工作的方针政策，制定本市博士后工作发展规划、政策措施和管理制度。

（二）指导、组织本市符合条件的企事业单位申报工作站、分站、创新实践基地工作。

（三）负责或协助国家、省对辖区内博士后工作进行指导、考核、评估和表彰，组织开展博士后奖励等工作。

（四）组织指导设站单位申请中国博士后科学基金资助和省、市相关资助经费。

（五）管理相关工作经费，协调处理本市博士后管理工作的其他日常事务。

（六）按照上级要求开展其他业务管理工作。

第六条　各设站单位应成立专门的博士后工作管理机构，制定具体管理办法，明确分管领导，配备专职管理人员，负责本单位博士后管理工作。具体职责是：

（一）贯彻落实国家和省、市博士后工作的政策法规并具体组织实施；接受上级主管部门的业务指导、监督、检查和评估；制定本单位博士后工作的具体管理办法。

（二）组织和协调在站博士后的科研工作，协助流动站合作导师指导博士后从事科研工作，确保博士后科研工作正常开展。

（三）负责做好博士后人员的招收进站、项目确定、财务安排、考核奖惩、业绩评估、科研成果验收、结题出站、职称评定、工资福利待遇等日常管理和户口迁移、家属工作安排、子女入学等日常服务工作。

（四）负责拟定本单位的博士后工作计划，每年应向市人力资源局报送本年度工作情况及下一年度招收博士后人员计划。

第七条 博士后人员、特约研究员应按协议要求承担所在单位的项目研发、技术创新、技术发明、成果转化和理论研究等工作。

第三章 流动站、工作站和创新实践基地的设立

第八条 鼓励研发实力雄厚、研究课题充足、经营状况良好并能够长期作为博士后培养基地的大型企业、技术研发型事业单位申报建立工作站；鼓励高新技术产业开发区（园区）、留学人员创业园申报建立综合服务性工作站，鼓励和扶持有条件的中小企业在园区内申请建立分站；鼓励暂未设立工作站但有开展博士后工作实际需要、具备一定条件的企事业单位与流动站设站单位共建创新实践基地；支持在博士后设站数量较多的地区或行业，建立机制灵活的区域性或行业性的博士后公共实验室（研究中心）。

第九条 高等院校和科研院所申请设立流动站，由拟设站单位提出申请，市人力资源局推荐，省人力资源和社会保障厅组织初评后报人力资源和社会保障部审核批准。拟设站单位应当具备以下基本条件：

（一）具有相应学科的博士学位授予权，并已培养出一届

以上的博士毕业生；

（二）具有一定数量的博士生指导教师；

（三）具有较强的科研实力和较高的学术水平，承担国家重大研究项目，科研工作处于国内前列，博士后研究项目具有理论或技术创新性；

（四）具有必需的科研条件和科研经费，并能为博士后人员提供必要的生活条件。

具有博士学位一级学科授予权、建有国家重点实验室的学科和国家重点学科可优先推荐申报设立流动站。

第十条 企业、从事科学研究和技术开发的事业单位、省级以上高新技术开发区、经济技术开发区和留学人员创业园区申请设立工作站，由拟设站单位提出申请，市人力资源局推荐，省人力资源和社会保障厅组织初评后报人力资源和社会保障部审核批准。拟设站单位应当具备以下基本条件：

（一）在东莞市范围内注册并具备独立法人资格，经营或运行状况良好；

（二）具有一定规模，并具有专门的研究与开发机构；

（三）拥有高水平的研究队伍，具有创新理论和创新技术的博士后科研项目；

（四）能为博士后人员提供较好的科研条件和必要的生活条件。

建有省级以上技术中心、工程中心或重点实验室等技术研发机构，承担国家或地方重大项目的单位，以及管理规范、成绩突出的创新实践基地可优先推荐申报设立工作站。

第十一条 企业、从事技术研发的事业单位申请设立分站，由拟设站单位提出申请，所属园区工作站初审，市人力资源局推荐，省人力资源和社会保障厅审核批准后报人力资源和社会保障部备案。分站申请设立条件与工作站相同。

第十二条 企事业单位申请设立创新实践基地，申请单位应与流动站设站单位签订共建协议，委托流动站招收博士后人员，并报省人力资源和社会保障厅备案。原则上设立创新实践基地的同时至少有1名博士后进站。允许同一单位与不同流动站设站单位共建创新实践基地。拟设基地单位应当具备以下基本条件：

（一）在东莞市范围内注册并具备独立法人资格，具有较强科技创新能力、一定的生产经营规模和较好的经济社会效益，有专门的研发机构；

（二）与高校或科研院所有密切的产学研合作，能提出技术先进、有广阔前景的研究项目；

（三）能为博士后人员提供必要的科研、生活条件。

第四章 招收和管理

第十三条 工作站和创新实践基地要主动加强与流动站的交流合作，建立长期或单项的合作关系。工作站应联合流动站招收、培养博士后人员。学术、技术实力强，具备独立培养博士后人员能力的工作站，经人力资源和社会保障部批准可以单独招收博士后人员。创新实践基地应当委托流动站招收博士后人员。

第十四条 鼓励和支持东莞市有条件的设站单位积极吸引港澳台博士来莞开展博士后研究，或从优秀外籍博士和留学博士中招收博士后人员。

第十五条 设站单位应按照国家、省关于条件、程序、方式等方面的规定招收博士后人员，在科研能力、学术水平和科研成果等方面进行评议审核，择优招收，按管理权限和规定程序办理进站报批手续。

第十六条 申请从事博士后研究工作的人员，应当向设站单位提出书面申请，提交相关证明材料，并与设站单位签订协议，明确在站期间各方的责任、权利、义务及工作目标、课题要求、在站工作期限、产权成果归属、违约处罚等内容。

第十七条 设站单位应将博士后人员的工作协议（涉及商业秘密的，应提交简约文本）、进站批复等材料及时报市人力资源局备案。

第十八条 设站单位要充分发挥管理主体作用，切实做好博士后人员在站期间的科研和管理服务工作，并按有关规定办理博士后人员进站和落户等有关手续。

第十九条 设站单位要建立博士后人员的考核评估体系，以及博士后人员进站招收、项目开题、中期考核和出站考核制度。工作站、创新实践基地与流动站联合培养的博士后人员应由联合培养单位共同负责考核。

第二十条 博士后人员作为国家有计划、有目的培养的高层次创新型青年人才，在站期间是具有流动性质的科研人员。博士后人员享受设站单位职工待遇，设站单位应按单位性质与博士后人员签订事业单位聘用合同、企业劳动合同或工作协议，并按有关规定为博士后人员缴纳社会保险费。事业单位性质的设站单位所招收的博士后人员，实行岗位绩效工资制度，执行专业技术人员基本工资标准。

第二十一条 博士后人员在站时间一般为2年，根据项目需要可在2~4年内灵活确定；对进站后承担国家重大科技项目的，应当根据项目资助期限和承担的任务及时调整在站时间，最长不超过6年。

第二十二条 博士后人员在站期间，根据研究项目需要，经设站单位批准，可以到国外开展合作研究、参加国际学术会议或进行短期学术交流，时间一般不超过3个月。经设站单位批准，可根据项目情况适当延长时间。

第二十三条 博士后人员的研究成果归属，依照国家有关知识产权的法律、法规办理。

第二十四条 博士后人员在站期间，有下列情形之一的，设站单位在告知本人或公告后应予退站：

（一）进站半年后仍未取得国家承认的博士学位证书的；

（二）提供虚假材料获得进站资格的；

（三）中期或出站考核不合格的；

（四）严重违反学术道德，弄虚作假，影响恶劣的；

（五）被处以刑事处罚的；

（六）因旷工等行为违反所在单位劳动纪律规定，符合解除劳动（聘用）合同情形的；

（七）因患病等原因难以完成研究工作的；

（八）出国逾期不归超过30天的；

（九）合同（协议）期满，无正当理由不办理出站手续或在站时间超过6年的；

（十）其他情况应予退站的。

第二十五条 退站的博士后人员，不再享受博士后人员待遇；由设站单位作出终止其在站工作的决定，在省级博士后管理部门办理其户口和人事关系手续，并报市人力资源局备案。

第二十六条 博士后人员工作期满，由设站单位按照国家和省有关规定为其办理出站手续，做好建档工作，并报市人力资源局备案。除工作协议另有约定以外，其就业实行自主择业。

第五章 博士后工作扶持政策

第二十七条 博士后人员进站报到后，可凭人力资源和社会保障部门介绍信、身份证和户口簿等有效证明材料在招收单位或自有房产所在地公安分局办理入户手续，其配偶和未成年子女可以随其迁移入户为常住人口。

第二十八条 博士后在站期间，随其流动的子女在暂住户口所在地办理入幼儿园、上小学和初中、报考（转入）高中以及报考高等院校或中等专业学校等事宜，享受当地常住户口居民的同等待遇。

第二十九条 对进站前未进行过职称评定的博士后人员，设站单位应予以认定中级职称，在博士后人员期满出站前，可对其进行职称评定或提出评定意见。博士后人员在站期间的科研成果应作为在站或出站后评定职称的依据。

第三十条 市人力资源局定期举办博士后工作管理人员业务培训和经验交流活动，提高东莞市博士后工作管理水平。定期举办高层次人才交流与项目洽谈活动，大力引进博士后人才。定期举办博士后人员联谊和学术交流活动，加强博士后人才队伍建设。

第三十一条 建站资助。市财政对新设立的流动站、工作站、分站、创新实践基地给予一次性经费资助，流动站、工作站资助标准为100万元，分站、创新实践基地资助标准为35万元。分站、创新实践基地经批准设立工作站的，按工作站的资助标准补齐差额部分。

第三十二条 进站资助。市财政对新进站的博士后人员，在站期间每年给予15万元资助，资助期不超过2年，在博士后人员分别完成开题报告和中期考核后按年度拨付，主要用于科研经费、导师指导费及个人生活补助等支出。

第三十三条 特约研究员资助。市财政对经市人力资源局审核的特约研究员，在聘任期内给予聘任单位每年5万元的聘任岗位资助，资助期不超过3年，主要用于科研经费和生活补贴等支出。

第三十四条 学术交流资助。市财政对在站博士后人员、特约研究员经市人力资源局同意，参加国内外学术交流或开展项目学习、做访问学者等短期进修的给予定额补助，活动举办地在国外的补助12000元，活动举办地在国内（含港澳台）的补助6000元，每人每年补助1次，博士后人员累计最多补助2次，特约研究员最多补助3次。

第三十五条 探亲补助。市财政对设站单位从优秀外籍博士和留学博士中招收的、主要家庭成员在国（境）外居住的博士后人员和特约研究员，原则上每人每年享受1次探亲补助，据实报销，最高补助不超过2万元，主要用于其本人的交通费支出。

第三十六条 出站资助。市财政对出站后在本市工作，且与本市企事业单位签订5年以上劳动（聘用）合同的博士后人员，可凭本市接收单位为其缴纳的社会保险证明和个人所得税缴纳证明，分5年给予接收单位共50万元出站资助，主要用于博士后人员的生活补贴。

第三十七条 配套资助。对获得中国博士后科学基金资助项目或“珠江人才计划”海外青年人才引进计划博士后资助项目的，市财政按1∶1给予配套资助，具体资助金额按“待遇就高从优不重复”原则确定。

第三十八条 奖励资助。市财政对获得全国博士后综合评估优秀等次的设站单位一次性给予10万元奖励；对获得国家、省级表彰奖励的设站单位和人员按1∶1给予配套奖励。对主动为东莞市设站单位推荐并成功招收博士后人员的人才中介机构，每推荐成功1名，市财政给予2万元奖励。

第三十九条 公共实验室启动资助。市财政对经批准建立的博士后公共实验室（研究中心）一次性给予100万元的启动经费资助，主要用于补充平台管理服务、设备仪器购置或租赁、科研软件购置、试验测试、导师指导等相关工作经费。

第六章 监督检查和法律责任

第四十条 符合条件的资助申请项目应当在市人力资源局网站公示5个工作日；经公示无异议的，由市人力资源局按照财务有关规定拨付资助资金。

第四十一条 市人力资源局按照国家和省的要求协调设站单位做好工作站和创新实践基地评估。对不合格的设站单位提出警告，督促其整改，整改无效的提出处理意见上报省人力资源和社会保障厅。

第四十二条 受资助的单位和个人，对所提交材料的真实性、完整性、有效性和合法性负责，并严格按照资金用途合理使用资金，确保资金专款专用；市人力资源局和市财政局有权对各项资金的使用情况进行检查和监督。

第四十三条 对于虚报、冒领、截留、挪用、挤占资助资金等财政违法行为，由市财政局责令改正，同时按照《财政违法行为处罚处分条例》（国务院令第427号）处理。

第四十四条 资助资金管理工作人员违反规定，在管理和监督工作中滥用职权、玩忽职守、徇私舞弊的，由监察部门按有关规定追究责任；构成犯罪的，依法移交司法机关处理。

第七章 附则

第四十五条 本办法未尽事宜，按国家、省有关规定执行。

第四十六条 本办法由市人力资源局负责解释。

第四十七条 本办法自2018年1月1日起实施，有效期至2020年12月31日。

东莞市名校研究生培养(实践)补助资金管理实施细则(试行)

第一章　总则

第一条　为加大东莞市研究生联合培养（实践）扶持力度，提高东莞市人才整体层次，推动东莞市产业转型升级，根据《2017 年东莞市名校研究生院筹建工作方案》要求，结合东莞市实际，特制定本规定。

第二条　市财政设立名校研究生培养（实践）补助专项资金，主要用于补助来莞联合培养（实践）的研究生的生活补贴、报销往返东莞交通费，以及支持高校在莞设立研究生培育管理机构。

第三条　市科技局是名校研究生培养（实践）补助专项资金的归口管理部门。东莞市名校研究生培育发展中心是名校研究生培养（实践）补助专项资金的具体实施单位，负责补助资金的申请受理、审核、发放和管理等工作。

第二章　研究生实践补助

第四条　研究生培养（实践）补助标准。

（一）博士研究生：每人每月 2500 元，每年补贴不超过 10 个月，即 25000 元（当月不满半月的，按半个月标准计算；超过半个月的，按整月标准发放）；

（二）硕士研究生：每人每月 1500 元，每年补贴不超过 10 个月，即 15000 元（当月不满半月的，按半个月标准计算；超过半个月的，按整月标准发放）；

（三）往返交通费：可报销票种为城市间火车硬座票、硬卧票、高铁二等座票、汽车票，不报销飞机票、高铁卧铺票、高铁商务座票、高铁一等座票、火车软卧票，且一年内只能报销一次往返交通费。

第五条 研究生培养（实践）补助资金申请条件。

（一）研究生来莞培养（实践）满 3 个月（自经东莞市名校研究生培育发展中心确认的报到日始至签离日止）；

（二）研究生在莞培养（实践）期间无严重违法乱纪或违反东莞市名校研究生培养（实践）基地相关规章制度管理等行为。

第六条 来莞培养（实践）的研究生在报到后，可向东莞市名校研究生培育发展中心提交补助资金申请，经审核后由东莞市名校研究生培育发展中心按程序每月发放补助资金，首次补助金发放时间为培养（实践）满 3 个月后的次月 15 日前。

第七条 研究生培养（实践）补助资金申请流程。

（一）申请人填写《东莞市名校研究生培养（实践）补助金申请表》，提交到东莞市名校研究生培育发展中心；

（二）东莞市名校研究生培育发展中心对申请资料进行审核，拟定补助金发放名单和发放明细，并在基地内进行公示

5 天；

（三）公示期满无异议或异议处理后，由东莞市名校研究生培育发展中心报市科技局审核；

（四）经市科技局审定后，由东莞市名校研究生培育发展中心按程序发放补助金。

第八条 交通费报销流程。

申请人填报《东莞市名校研究生交通费报销申请表》并提供往返交通报销票据到东莞市名校研究生培育发展中心。经核查后，由东莞市名校研究生培育发展中心直接报销交通费。

第三章 研究生培育管理机构建设补助

第九条 为支持高校在东莞市设立研究生培育管理机构，市财政对该机构开展研究生来莞联合培养工作进行补贴。补助标准为每组织 1 名研究生来莞培养（实践），每月给予该机构 1000 元的补助，每年最多补助不超过 10 个月。补助资金用于补充该机构组织研究生来莞联合培养的相关工作经费。

第十条 高校的研究生培育管理机构需承担研究生在莞培养（实践）期间的学生管理工作，每 20 名学生至少安排 1 名辅导员，协调学生在莞期间的学习、生活、交流、补助申请等日常管理工作。

第十一条 高校研究生培育管理机构建设补助资金按年度发放，每年年初受理上一年度的补助资金申请。

第十二条 申请条件。

（一）申请单位的依托高校已与东莞市签订研究生联合培养合作意向（协议）；

（二）申请单位组织来莞培养（实践）的研究生不少于20人；

（三）申请单位组织来莞培养（实践）的研究生如有严重违法乱纪或违反东莞市名校研究生培养（实践）基地相关规章制度管理等行为的，该名研究生不能纳入补助核算。

第十三条 申请流程。

（一）申请单位填写《东莞市高校研究生培育管理机构建设补助经费申请表》及《东莞市高校研究生培育管理机构培养研究生明细表》，加盖公章，并提交到东莞市名校研究生培育发展中心；

（二）东莞市名校研究生培育发展中心对申请资料进行审核，拟定补助金发放名单和发放明细，并向社会公示5天；

（三）公示期满无异议或异议处理后，由东莞市名校研究生培育发展中心报市科技局审核；

（四）经市科技局审定后，由东莞市名校研究生培育发展中心按程序发放补助资金。

第四章　法律责任

第十四条 培养（实践）期间研究生如有严重违法乱纪或不服从东莞市名校研究生培养（实践）基地相关规章制度管理等行为，经查证属实的将取消享受补助资金资格，并取消该管理机构对该研究生的补助资金数额。

第十五条 研究生和研究生培育管理机构应如实提供申报材料，并对申报材料的真实性和准确性负责。如隐瞒或提供虚假材料，或以不正当手段骗取补助资金的，经查实后，取消申请资格，并追缴已拨付的财政补助资金；构成犯罪的，依法追究刑事责任。

第五章　附则

第十六条　本规定由东莞市科学技术局负责解释。

第十七条　本规定自颁布之日起实施，试行一年。

东莞市“倍增计划”试点企业骨干人才资助实施细则

第一章　总则

第一条　为贯彻落实《东莞市人民政府关于实施重点企业规模与效益倍增计划全面提升产业集约发展水平的意见》（东府〔2017〕1号）及《东莞市人民政府办公室关于印发〈实施重点企业规模与效益倍增计划行动方案〉的通知》（东府办〔2017〕11号）政策第十九条“留住骨干人才”中的“对经认定的试点企业技术骨干及中高层管理人员，按试点企业营收规模将试点企业分成3个扶持档次，每年分别给予每家企业10个、6个和3个名额指标，市财政按其上年度所缴纳工薪收入个人所得税市级留成部分的80%标准奖励至个人，并每人每月可获2000元的住房补贴”精神，制定本实施细则。

第二条　东莞市“倍增计划”试点企业骨干人才资助资金，在每年的市“倍增计划”专项资金中列支。

第三条　资金的使用和管理，应遵循公开透明、严格监督的原则，确保资金规范使用。

第四条　东莞市实施重点企业规模与效益倍增计划工作领

导小组办公室（以下简称市倍增办）负责统筹“倍增计划”试点企业骨干人才扶持资助工作的实施；负责资金的申请、受理、审核、发放及监管。

市地方税务局负责协助提供员工个人所得税缴纳信息。

市社会保障局负责协助核查员工缴纳社会保险情况。

市公安局负责协助核查申请人的户籍信息。

市财政局负责落实资金预算安排，对资金管理及使用情况进行检查监督。

第二章　指标分配及申报条件

第五条　指标分配。

（一）认定前一年度营业收入10亿元（含）企业，每年每家分配10名人员指标；

（二）认定前一年度营业收入2亿（含）~10亿元企业，每年每家分配6名人员指标；

（三）认定前一年度营业收入2亿元以下企业，每年每家分配3名人员指标。

第六条　企业当年实际可用指标，与其上年度营业收入增长完成率挂钩。以2016年营业收入为基数，企业每年至少需完成营业收入增长20%。

（一）5年倍增企业。如完成收入增长要求的，按第五条规定，足额分配人员指标；如未能完成收入增长的，按增长完成比例分配人员指标。

（二）3年倍增企业。如完成收入增长要求的，根据收入增长完成比例，在足额分配人员指标基础上，享有不多于50%

的奖励指标；如未能完成收入增长的，按增长完成比例分配人员指标。

（三）提前完成倍增任务的企业，可参照第六条第（二）款，在完成倍增任务的第二年开始，享有同等的奖励指标。

（四）指标计算公式：

年度指标（向上取整）=对应规模档次指标×营业收入增长完成率

营业收入增长完成率=当年实际完成营业收入增长率÷当年需完成的营业收入增长率（20%）。其中，五年倍增企业取数范围为0~1；三年倍增企业取数范围为0~1.5。

第七条 资金申请对象为市“倍增计划”试点企业骨干人才，且符合以下条件：

（一）人员为企业技术骨干及中高层管理人员，或企业认为有突出贡献的人员；

（二）人员与所在企业已签订1年及以上劳动合同；

（三）在试点企业缴纳不少于1个月的社保；

（四）优先资助已落户东莞的骨干人才。

指标内的人员提名名单，由试点企业自行决定。

第三章 资助标准及申报资料

第八条 资助标准。

（一）骨干人才地方贡献奖励项目。对试点企业提名的骨干人员，市财政按其上年度所缴纳工薪收入个人所得税市级留成部分的80%标准奖励至个人，每人每年最高100万元。如骨干人员入职企业时间未满一个完整会计年度，从入职本企业且在本企业缴纳个人所得税之日起计算奖励金额。

（二）个人住房补贴项目。对“倍增计划”试点企业提名的骨干人员，每人每月给予2000元的住房补贴。如骨干人员入职企业时间未满一个完整会计年度，从入职本企业之日起计算补贴金额。

有关奖励及补贴于第二年一次性拨付。如申请人员已享受东莞市有关人才政策待遇，将按“就高从优不重复”的原则进行资助。

第九条 企业需填写《东莞市实施重点企业规模与效益倍增计划试点企业骨干人才提名名单汇总表》，并按本条款要求，汇总提名人员申请资料，以企业名义统一申请（不直接受理个人申请）。申报资料具体如下：

（一）《东莞市实施重点企业规模与效益倍增计划试点企业骨干人才资质申请表》；

（二）申请人身份证、户口本复印件；

（三）申请人与用人单位依法签订的劳动合同复印件；

（四）申请人在本单位缴纳社会保险的各险种参保缴费明细复印件；

（五）申请人工作履历介绍，及职称证书或学历、学位证书等资料；

（六）年度申报通知（指南）要求提供的其他文件、材料。

第四章　申报审核

第十条　市倍增办于每年确定上年度"倍增计划"试点企业名单。

第十一条　市倍增办于每年向试点企业发布申报通知（指南），明确受理流程、时限和材料等要求。各镇人民政府（街道办事处、园区管委会）"倍增计划"责任部门组织辖区内符合条件企业申报（通过"智造东莞"网受理），做好动员辅导等工作。

第十二条　"倍增计划"试点企业根据指标要求，提出纳入资助范围的人员名单；并将人员申报资料统一报各镇人民政府（街道办事处、园区管委会）"倍增计划"责任部门，由其汇总上报市倍增办。

第十三条　市地税局提供申请人上年度在东莞市缴纳的工薪收入个人所得税地方留成税额及相关信息，作为资助金额的核算依据。市社保局提供申请人上年度社会保险信息，作为入职时间审核依据。市人才办、市人力资源局，相关市直部门配合提供申请人曾享受东莞市有关人才政策待遇情况。人员名单同时征求公安、工商、法院、检察院、税务、国安等部门意见，对申请人进行安全信用审查。

第十四条　资助人员名单在市政府门户网站公示5个工作日，公示无异议或异议不成立的，纳入资助范围。

第十五条　市倍增办根据审核情况，拟订资金使用计划，报市政府或市"倍增计划"工作领导小组审批同意。

第十六条　市倍增办根据资金使用计划，办理资金拨付。资金拨付程序上，采用"企业先行垫付、部门后续补拨"的方式进行：企业按资金使用计划将资金拨付个人；资金拨付完毕后，企业将资金拨付单据复印件汇总交镇街（园区）“倍增计划”责任部门，由其汇总上报市倍增办；市倍增办审核无异后，将资金补拨付至“倍增计划”试点企业。

第五章　监督管理

第十七条　申请人应如实提供申报材料，并对申报材料的真实性和准确性负责；申请人以隐瞒或虚报户籍、社保、纳税等情况的方式弄虚作假提出申请，或以不正当手段骗取补贴资金的，经查实后，取消申请资格，对已拨付的财政补贴资金予以追缴；构成犯罪的，依法追究刑事责任。

第十八条　企业提供虚假信息套取个人资助或者对个人资助资金进行截留挪用的，将取消试点企业所有“倍增计划”相关扶持；并按《财政违法行为处罚处分条例》（国务院令第427号）的有关规定予以处罚；构成犯罪的，依法移交司法机关追究刑事责任。

第十九条　相关主管部门及其工作人员不按照规定履行职责，滥用职权、玩忽职守、徇私舞弊的，依法追究行政责任；涉嫌犯罪的，依法移送司法机关处理。

第六章　附则

第二十条　本实施细则由市倍增办负责解释。

第二十一条　本实施细则自颁布之日起实施，有效期至2021年12月31日。

东莞市“倍增计划”试点企业骨干人才子女入学资助实施细则

第一章 总则

第一条 为贯彻落实《东莞市人民政府关于实施重点企业规模与效益倍增计划全面提升产业集约发展水平的意见》（东府〔2017〕1号）及《东莞市人民政府办公室关于印发〈实施重点企业规模与效益倍增计划行动方案〉的通知》（东府办〔2017〕11号）政策第二十条“保障教育资源”中“按试点企业规模每年向试点企业提供最多6个公办义务教育入学指标；试点企业已享有子女义务教育公办学校入学指标的，数量在原有基础上翻一倍执行。对试点企业骨干人才子女入读民办学校的，由政府通过购买一定数量优质民办学校学位的方式给予支持”的精神，特制定本实施细则。

第二条 将试点企业倍增过程（3年或5年）中的财政贡献地方留成增长部分的50%或30%作为服务包资金额度。政府用于补助试点企业骨干人才子女入读民办中小学校的相关费用可从服务包资金中据实列支。

第三条 资金的使用和管理，应遵循公开透明、严格监督的原则，确保资金规范使用。

第四条 市“倍增计划”工作领导小组办公室（以下简称市倍增办）负责统筹、指导东莞市“倍增计划”试点企业骨干人才子女入学资助工作的实施，协调解决工作中的重大问题；负责提供上一年度“倍增计划”试点企业名单（含过往认定及新认定）、数据和购买民办学位需求；负责资金的申报、受理、审核、发放及监管。

市教育局负责统筹市内各公办、民办学校的学位统计、调配以及保障。

市统计局、市国税局和市地税局负责协助提供或核实试点企业相关数据信息。

市社会保障局负责协助核查员工缴纳社会保险情况。

市财政局负责落实资金预算安排，对资金管理及使用情况进行检查监督。

第二章 申报对象、指标分配及补助标准

第五条 以东莞市“倍增计划”试点企业作为申报主体，且同时符合以下条件：

（一）试点企业骨干人才与所在试点企业已签订2年及以上劳动合同，且在该试点企业缴纳社保1个月或以上；

（二）为有利于试点企业引进和留住优秀人才，指标优先保障企业技术骨干、中高层管理人员子女，或企业认为有突出贡献的企业人员。

第六条 公办学校入学指标分配安排如下：

（一）试点企业原已享有子女义务教育公办学校入学指标

的，在倍增期间指标数量按其认定前一年的基础上翻倍配置。

（二）试点企业原来未享有子女义务教育公办学校入学指标的，在倍增期间分三个档次直接给予指标。具体档次标准为：试点企业被认定前一年营业收入 10 亿元（含）以上的给予6 个指标；营业收入 2 亿（含）~10 亿元的给予 4 个指标；营业收入 2 亿元以下的给予 2 个指标。

（三）如翻倍指标少于按营业收入划分档次指标的，按就高不就低原则执行。以上试点企业公办学校入学指标不与市其他企业优惠入学指标累加使用。

（四）试点企业骨干人才可按指标为其子女申报入读试点企业所在镇街（园区）或自有房产所在镇街（园区）的义务教育阶段公办学校，享受本镇街（园区）户籍学生同等待遇。根据试点企业申报情况，市、镇街（园区）倍增办与市、镇街（园区）教育部门加强沟通协调，切实做好试点企业骨干人才子女入读志愿学校的安排。公办学校指标主要解决试点企业骨干人才子女起始年级的入学问题，非起始年级由试点企业注册所在镇街教育部门视学位具体实际给予安排。安排入学的试点企业骨干人才子女，可在同一学校连续读至该学段结束，如升读下一学段，需按指标重新申报。

（五）各镇街（园区）可参照本实施细则，就近解决市镇两级试点企业骨干人才子女的入学问题，充分调配镇街（园区）内部资源，切实保障市级试点企业需求。

第七条 民办学校学位补助指标分配安排如下：

（一）试点企业骨干人才子女在倍增期间选择入读东莞市（小学、初中和高中）优质民办学校的（含起始年级和非起始年级)，按本实施细则第八条补助标准给予补助支持。对试点企业按营收规模分三个档次给予补助指标。试点企业在倍增期间享有的民办学校学位补助指标数，其认定前一年营业收入10亿元（含）以上的，总额度为45个；其认定前一年营业收入2亿（含）~10亿元的，总额度为30个；其认定前一年营业收入2亿元以下的，总额度为15个。对于营业收入提前实现翻倍且经市倍增办认定实现倍增目标的企业，可继续纳入“倍增计划”重新分配所在档次的总额度指标。

（二）倍增期间，试点企业的年度可用额度等于总额度除以倍增周期。试点企业承诺3年实现倍增，倍增周期为3年；试点企业承诺5年实现倍增，倍增周期为5年。(详见下表)

营收规模	总额度（个）	3年倍增企业 年度可用额度（个）	5年倍增企业 年度可用额度（个）
10亿元（含）以上	45	15	9
2亿（含）~10亿元	30	10	6
2亿元以下	15	5	3

（三）为调动试点企业积极性，实行补助指标与年度营业收入增长激励挂靠机制。试点企业承诺3年实现倍增的，上一年度营业收入需完成30%或以上的增长任务；承诺5年实现倍增的，上一年度营业收入需完成20%或以上的增长任务。完成年度增长任务的试点企业，当年可申报年度可用额度。试点企业每年可申报的实际额度，可通过如下公式计算得出：

可申报的实际额度＝年度可用额度×（上一年度营业收入增长率÷年度营业收入增长任务）

当上一年度营业收入增长率除以年度营业收入增长任务的

计算结果大于 1 时，取整为 1；实际额度计算结果采用向上取整原则。

（四）倍增期间，从获得补助指标当年起，试点企业骨干人才子女可连续每年获得本实施细则的补助，直至该学段结束（或服务包奖励政策结束）。

（五）符合条件的试点企业可同时申报公办学校入学指标和民办学校学位补助。

第八条 民办学校学位补助标准如下：

（一）针对第七条事项，试点企业骨干人才子女入读东莞市优质民办学校的，实行学校、学生双向选择。对每个民办学校学位给予一定额度补助。一学年学费不超过 5000 元的，据实补助；一学年学费超过 5000 元的，在补助 5000 元基础上，对超出部分的 60% 给予补助。一学年学费补助额不超过 1 万元。

（二）试点企业骨干人才子女入读东莞市优质民办学校的补助资金实行先垫后补和额度抵扣原则。试点企业先行支付学费，经审核后，政府拨付补助资金给试点企业。补助将每年从试点企业的服务包奖励额度中据实抵扣，补助上限不超过试点企业当年服务包奖励额度的 50%，不足抵扣部分由试点企业与员工自行协商解决。

第三章 申报程序及审核

第九条 试点企业收集汇总本企业骨干人才子女公办学校入学和民办学校学位补助的情况，登录“智造东莞”平台统一申报。试点企业在“智造东莞”平台项目申报具体栏目中按操作提示要求，填写申报表格和上传佐证材料。

第十条 市倍增办于每年3月底前公布“倍增计划”试点企业名单、各试点企业公办学校入学指标数量；于每年9月底前公布各试点企业民办学校学位补助指标数量。

第十一条 申报公办学校入学流程如下：

（一）市倍增办于每年3月底向试点企业发布公办学校入学申报通知。试点企业自行登录“智造东莞”平台填报申报表格。

（二）市倍增办于每年4月10日向市教育局提供符合条件的试点企业名单、各试点企业公办学校入学指标、申报入学子女和申报入读学校名单等相关数据。市教育局于每年5月10日将相关数据公布给各镇街（园区）教育部门，统筹协调好试点企业骨干人才子女学位安排和招生入学工作。各镇街（园区）倍增办会同本辖区教育部门做好试点企业入学正式报名工作。入学正式报名以市教育局每年的通知为准。试点企业按通知将所需材料统一交企业登记所在镇街（园区）教育部门。

第十二条 市倍增办于每年9月底向试点企业发布民办学校学位补助申报通知。试点企业自行登录“智造东莞”平台填报申报表格并上传佐证材料。

第十三条 市倍增办会同市教育局拟定试点企业公办学校入学指标和民办学校入读补助公示名单，分别在市政府门户网站和市教育局门户网站公示5个工作日；镇街（园区）倍增办会同本镇街（园区）教育部门就试点企业骨干人才子女入学名单分别在镇街（园区）政府门户网站和教育部门网站公示5个工作日。民办学校入读补助名单公示无异议或异议不成立的，形成资金使用计划。

第十四条 市倍增办将资金使用计划上报市政府，经同意后，会同市财政局办理资金拨付程序。

第四章 监督管理

第十五条 申报单位或申报人应如实提供申报材料，并对申报材料的真实性和准确性负责；申报人以隐瞒或虚报情况的方式弄虚作假提出申报，或以不正当手段骗取补贴资金的，经查实后，取消申报资格，对已拨付的财政补贴资金予以追缴；构成犯罪的，依法追究刑事责任。

第十六条 相关主管部门及其工作人员不按照规定履行职责，滥用职权、玩忽职守、徇私舞弊的，依法追究行政责任；涉嫌犯罪的，依法移送司法机关处理。

第五章 附则

第十七条 本实施细则由市倍增办、市教育局负责解释。

第十八条 本实施细则自颁布之日起实施，有效期至2021年12月31日。

大力推进大众创业万众创新的实施意见

为贯彻落实《国务院关于大力推进大众创业万众创新若干政策措施的意见》（国发〔2015〕32 号）、《国务院关于加快构建大众创业万众创新支撑平台的指导意见》（国发〔2015〕53 号）和《广东省人民政府关于大力推进大众创业万众创新的实施意见》（粤府〔2016〕20 号），进一步优化创业创新环境，促进众创、众包、众扶、众筹（以下统称四众）等新型支撑平台快速发展，激发创业创新活力，形成大众创业、万众创新的宏大局面，制定本实施意见。

一、总体要求

深入贯彻党的十八大和十八届三中、四中、五中、六中全会精神，全面贯彻习近平总书记系列重要讲话精神特别是关于广东工作“四个坚持、三个支撑、两个走在前列”的重要批示精神，全面落实省委十一届五次、六次全会和十二届一次全会，以及市委十三届六次、七次、八次和十四届全会精神，坚持创新、协调、绿色、开放、共享发展理念，充分发挥市场在资源配置中的决定性作用和更好发挥政府作用，加快形成引领经济发展新常态的体制机制和发展方式，加快构建有利于大众创业、万众创新的政策环境、制度环境、市场环境，加快建设四众等重大支撑平台，支持引导有意愿有能力的人员成为市场创业创新主体，不断开办新企业，开发新产品，开拓新市场，打造新引擎，形成新动力，发展分享经济，实现创新支持创业、创业带动就业的良性互动，激发全社会创新潜能和创造活力，有力支撑东莞市稳增长调结构惠民生目标任务实现，支撑东莞市全面建设国家自主创新示范区，支撑东莞市参与粤港澳大湾区建设和广深科技创新走廊建设，努力率先实现从要素驱动向创新驱动全面转变。

坚持深化改革，优化创业环境。以开展全面创新改革试验为引领，以经济体制改革为重点，进一步简政放权，推动供给侧结构性改革和重点领域改革取得突破，创新政府管理和服务方式，完善扶持政策和激励措施，坚决破除阻碍创新、限制新模式新业态发展的体制约束和政策瓶颈，营造均等普惠环境，优化创业创新生态。

坚持需求导向，激发创业活力。尊重创业创新规律，保障企业和劳动者的主体地位，维护各类市场主体的合法权益，通过制度供给、平台搭建等满足创业者的资金、信息、政策、技术、服务等需求。依托“互联网＋”、大数据等推动商业模式创新，建立和完善线上与线下、境内与境外、政府与市场开放合作的创业创新机制，为社会大众广泛平等参与创业创新、共享改革红利和发展成果创造多元途径和广阔空间。

坚持政策协同，确保实施效果。加强创新、创业、就业等各类政策统筹，促进省直部门与东莞市政府的协调联动，形成政府、行业、企业、社会共同参与的高效协同机制，打通创业创新与市场资源、社会需求的对接通道，确保政策可操作、能落地。鼓励有条件的镇（街道、园区）积极探索可复制、可推广的创业创新政策措施。

坚持开放共享，创新合作格局。把握参与国家实施“一带一路”建设、广东自由贸易试验区建设和粤港澳大湾区建设的重大机遇，抢抓省委省政府建设广深科技创新走廊的重大战略机遇，加强创业创新公共服务资源开放共享。全面提升莞港澳台合作水平，加强与发达国家及新兴市场经济体的合作，开展区域合作，拓展对内对外开放新空间。

二、创新体制机制，推进创业便利化

（一）深化市场准入制度

落实市场准入负面清单制度，各类市场主体皆可依法平等进入清单之外领域。深化行政审批制度改革，进一步取消妨碍大众创业、万众创新的行政审批事项，全面推行行政审批标准化，逐步实现同一事项同等条件无差别办理。推广“一门式”“一网式”政府服务管理模式，实现行政审批及服务事项便捷办理。（市发改局、市政务服务办、市编办、市经信局、市工商局）

（二）优化商事制度改革

全面落实工商营业执照、组织机构代码证、税务登记证、社会保险登记证和统计登记证“五证合一、一照一码”登记制度、“先照后证”、企业集群注册、“一址多照”改革，推进全程电子化登记和电子营业执照应用。各镇（街道、园区）积极开展企业简易注销改革试点，建立便捷的市场退出机制。（市工商局、市发改局、市经信局）

（三）推进市场环境公平竞争

加强公平竞争审查，打破地方保护主义，推动形成统一透明、有序规范的市场环境。完善反垄断执法办案机制，拓宽反垄断执法领域，对重点领域不正当竞争行为进行集中整治。清理规范行政审批中介服务及收费，取消政府部门设定的区域性、行业性或部门间中介服务机构执业限制和限额管理。清理规范涉企收费项目，完善收费目录管理制度。运用企业信用信息公示系统，增强创业企业信息透明度。（市工商局、市编办、市发改局）

（四）完善市场监管体系

推进企业信用监管，加强跨部门、跨地区协同监管，完善守信激励机制和失信联合惩戒机制。完善企业信用信息管理目录，建立和规范企业信用信息发布制度，把创业主体信用与市场准入、享受优惠政策挂钩，完善以信用管理为基础的创业创新监管模式，建立健全事中事后监管体系。推广应用协同监管信息化系统，推动基层市场网格化监管和社会服务管理“智网工程”有机融合，打造协同创新平台，推进“智慧监管、信用监管、协同监管”三大工程，建设市场科学监管体系。（市工商局、市发改局、市经信局、市质监局、人民银行东莞中支）

（五）加大知识产权保护力度

积极推动知识产权交易，强化知识产权运营公共服务，满足创业创新需求。以展会、大型商场、专业市场及商品批发集散地等流通环节及食品、药品和家电等产品为重点，严厉打击侵犯知识产权行为。打造一批科技服务产业集群，加快建设松山湖广东省知识产权服务业聚集发展试验区，建设常平广东省知识产权密集型产业聚集区，努力建设带有品牌效应的科技中介服务集聚地。健全知识产权侵权查处机制，强化行政执法与司法衔接，加强知识产权行政执法，完善中国东莞（家具）知识产权快速维权援助中心建设。落实巡回审判工作机制，推进知识产权民事、刑事、行政案件的“三审合一”。探索区域和部门间知识产权保护协作机制。加大网络知识产权执法力度，积极探索在线创意及研发成果的知识产权保护机制。（市科技局、市工商局、市文化广电新闻出版局、市农业局、市商务局、市食品药品监管局）

三、优化财税政策，强化创业扶持

（六）加强财政支持

统筹用好各类支持小微企业和创业创新的财政资金，加大对创业创新人才和项目的支持力度，引导社会资源支持四众加快发展。优化市级创业引导基金的使用和管理，通过阶段参股、跟进投资、风险补偿等方式，重点支持以初创企业为主要投资对象的创业投资企业发展以及大学生创业创新活动。对经认定并按规定为创业者提供创业孵化服务的创业孵化基地，按每户不超过5000元标准和实际孵化成功户数给予创业孵化补贴；对入驻政府主办的创业孵化基地（创业园区）的初创企业，按第一年不低于80%、第二年不低于50%、第三年不低于20%的比例减免租金。落实《东莞市加快科技企业孵化器建设实施办法》（东府办〔2015〕84号）和《东莞市加快科技四众平台建设实施管理暂行办法》（东府办〔2016〕96号），落实创业培训补贴、一次性创业资助、租金补贴、创业带动就业补贴等各项扶持政策。（市财政局、市发改局、市科技局、市教育局、市人力资源局、市社保局）

（七）落实普惠性税收政策

落实高新技术企业和创业投资企业税收优惠、研发费用加计扣除、股权激励和技术入股以及科技企业孵化器、大学科技园、固定资产加速折旧等创新激励税收优惠政策。落实促进高校毕业生、残疾人、退役军人、登记失业人员等创业就业税收政策。探索实施天使投资税收支持政策、新型孵化机构适用科技企业孵化器税收优惠政策。将线下实体众创空间的财政扶持政策惠及网络众创空间。切实加强对国家税收扶持政策的解读、宣传，进一步公开和规范税收优惠政策的申请、减免、备案和管理程序，加强对税收扶持政策执行情况的监督检查。（市地税局、市国税局、市财政局、市教育局、市科技局、市人力资源局、市社保局、市府金融工作局）

（八）发挥政府采购支持效应

根据修订完善后的广东省中小企业认定标准，落实促进中小企业发展的政府采购政策。积极探索试行创新产品和服务远期约定政府购买制度，按照广东省远期约定购买创新产品与服务清单，加大创新产品和服务的采购力度。落实首台（套）重点技术装备推广应用政策，对经认定的首台（套）重点技术装备，在产业化后进行销售奖励，对相关装备投保定制化综合险的，给予保险补贴。（市财政局、市经信局、市科技局、市发改局）

四、搞活金融市场，实现便捷融资

（九）优化资本市场

综合运用征信管理、账户管理、外汇管理等手段，支持具有良好发展前景的创业企业在证券交易所、全国中小企业股份转让系统、股权交易中心上市、挂牌。充分发挥创业板对创业创新融资的重要平台作用，积极探索特殊股权结构类创业企业到创业板上市的制度设计，研究推动符合条件但尚未盈利的互联网和科技创新企业到创业板发行上市。支持符合条件的创业企业发行超短期融资券、短期融资券、中期票据、企业债、公司债、资产支持票据等直接债务融资工具，募集资金用于创新项目建设。支持符合条件的创业企业赴香港发行人民币债券。支持符合条件的发行主体发行小微企业增信集合债等企业债券创新品种。（市府金融工作局、市科技局、市工商局、人民银行东莞中支、东莞银监分局）

（十）创新银行支持方式

鼓励银行业金融机构针对创业创新企业资金需求和四众特点积极创新信贷产品和服务模式，发展小额贷款、债务融资、质押融资等新业务。合理配置支持小微企业再贷款额度，适当向小微型创业创新企业信贷投放力度较大的城市商业银行、农村商业银行、村镇银行倾斜，引导地方法人银行业金融机构加大对创业创新活动的信贷投入。鼓励银行业金融机构在科技资源集聚区域设立专门从事创新金融服务的科技信贷专营机构，通过建立贷款绿色通道等方式，提高科技贷款审批效率。支持银行业金融机构利用互联网、大数据、云计算等新技术，构建金融公共云服务平台，积极向创业企业提供融资理财、资金托管、债券承销、信息咨询、财务顾问、并购贷款等一站式系统化金融服务。（市府金融工作局、人民银行东莞中支、东莞银监分局）

（十一）丰富创业融资模式

推进东莞众创金融街升级改造工作，加大对 PE、VC、产业基金、科技创新企业的招商力度，引导互联网金融企业与创业创新资源无缝对接，实现集聚发展。大力发展政府支持的融资担保机构，加大创业担保贷款支持力度，加强政府引导和银担合作，综合运用资本投入、风险补偿等方式，促进融资担保机构和银行业金融机构为符合条件的创业企业和四众平台企业提供快捷、低成本的融资服务。加快完善科技保险市场，支持符合条件的保险公司设立专门服务于科技企业的科技保险专营机构，支持保险公司创新科技保险产品及服务，支持符合条件的社会资本在东莞市设立相互保险公司。落实知识产权金融服务促进计划，完善知识产权估值、质押和流转体系，设立知识产权质押融资风险补偿基金，鼓励银行业金融机构推广专利权、商标权、著作权等知识产权质押贷款业务。（市府金融工作局、市发改局、市经信局、市科技局、市人力资源局、市社保局、市文化广电新闻出版局、市工商局、人民银行东莞中

支、东莞银监分局）

五、扩大创业投资，支持创业起步成长

（十二）发挥创业投资引导机制作用

充分发挥创新创业种子基金以及科技型中小企业技术创新基金（资金）等支持作用，引导创业投资更多向创业企业起步成长的前端延伸，逐步建立支持创业创新和新兴产业发展的市场化长效运行机制。支持有条件的金融机构出资设立创业投资基金，以股权投资方式支持中小微企业发展。探索联合投资等新模式，建立风险补偿机制。积极争取国家新兴产业创业投资引导基金、科技型中小企业创业投资基金、国家科技成果转化引导基金、国家中小企业发展基金的支持。探索创业投资行业协会建设，加强行业自律。支持有意愿有条件的镇（街道、园区）设立引导基金，推动并鼓励常平等镇（街道、园区）探索建设科创基金小镇。（业务主管部门、市财政局、市经信局、市科技局、市府金融工作局、市发改局、东莞银监分局、常平镇政府）

（十三）拓展创业投资资金供给渠道

发挥财政资金杠杆和引导作用，不断扩大社会资本参与新兴产业等创投基金的规模，做大直接融资平台。鼓励银行业金融机构对创业投资引导基金、创业投资基金提供融资和资金托管服务，做好创业投资引导基金的资金保管、拨付、结算等服务。鼓励保险资金投资创业投资基金，积极推动保险资金对接实体经济。鼓励符合条件的银行业金融机构与创业投资、股权

投资机构开展投贷联动试点。探索投保联动、投债联动等新业务模式。（业务主管部门、市财政局、市府金融工作局、东莞银监分局、市发改局）

（十四）鼓励国有资本创业投资

落实鼓励国有资本参与创业投资的政策措施，完善国有创业投资机构激励约束和监督管理机制。引导和鼓励国有企业参与新兴产业创业投资基金、设立国有资本创业投资基金等，充分发挥国有资本在创业创新中的重要作用。落实国有产业投资机构和国有创业投资引导基金国有股转持豁免政策。（市国资委、市府金融工作局）

（十五）推进创业投资“引进来”与“走出去”

落实外商投资创业投资企业相关管理规定，鼓励外资开展创业投资业务。鼓励中外合资创业投资机构发展。支持设立海外创新投资基金，发挥“走出去”综合服务平台的作用，引导和鼓励创业投资机构加大对境外高端研发项目的投资。加快境外投资管理体制改革，完善创业投资境外投资管理和服务。建立健全与外商投资管理制度相适应的工商登记制度。（市商务局、市工商局、市府金融工作局、东莞外汇管理局）

六、发展创业服务，优化创业生态

（十六）推动创业孵化服务发展

落实孵化器筑巢育凤行动计划和孵化基地“一十百千万计划”，大力支持孵化器和众创空间等创业载体建设，完善创业创新和科技型中小微企业孵化育成体系。积极争取省级小型微型企业创业创新示范基地认定，优化和完善创业服务环境。完善孵化器及在孵企业投融资模式，建立面向科技企业孵化器在孵企业的创业投资风险补偿和信贷风险补偿机制。推动高校和科研院所建立促进科技成果转化管理制度和统计、报告制度，加强科技成果转化服务。鼓励高校和科研院所根据需要设立技术转移服务机构，负责技术转移、成果转化和提供社会服务。引导和鼓励国内资本与境外合作设立新型创业孵化平台，引进境外先进创业孵化模式，提升孵化能力。（市科技局、市教育局、市经信局、市人力资源局、市社保局、市商务局、东莞银监分局、市科协）

（十七）推动第三方专业服务发展

加快推进第三方检测认证等机构的社会化、市场化、专业化改革，丰富和完善工业设计、文化创意、质量检测、知识产权、信息网络、创业孵化、企业融资、现代物流、信用评价、人才培养等创业服务。有序推进检验检测认证机构整合，发展标准化信息公共服务平台，加大对“东莞标准信息服务平台”和“WTO/TBT 预警信息平台”的资金投入。探索引进国际标准认证体系，推动技术服务机构与境外相关机构开展标准和检验互认。支持在各类产业园区建设创业创新服务基地、科技创业服务中心、大学生创业服务中心和生产力促进中心，丰富创业服务平台形式与内容，提升创新服务能力。（市质监局、市科技局、市教育局、市人力资源局、市社保局、市工商局、市发改局、市文化广电新闻出版局、市府金融工作局）

（十八）推动“互联网+”创业服务发展

加快发展“互联网+”创业网络体系，通过线上线下相结合降低创业门槛和成本。支持建设互联网创新园区，支持创建互联网经济创新示范区。支持建设互联网创业孵化基地，为创客提供工作场地、团队运营、资金扶持、产品推广等孵化服务，以及相关配套支撑条件。大力支持常平等镇（街道、园区）建设广东省“互联网+”创新创业示范镇。依托全省统一的政务数据信息资源库和政务大数据中心，加强政府公共数据开放共享，推动大型互联网企业和基础电信企业向创业者开放计算、存储和数据资源，支持重点企业互联网数据中心向云服务转型。加快推进云计算公共服务平台建设，统筹推进全市云计算数据中心建设，拓宽云计算应用示范应用，为创业创新提供大数据支撑。建立健全与新经济形态相适应的体制机制，加快网络经济和实体经济融合，培育壮大分享经济。积极推广众包、用户参与设计、云设计等创业创新模式。（市科技局、市发改局、市经信局、市电子政务办、常平镇政府）

（十九）加大公共服务模式创新力度

加大政府购买服务力度，对创业企业和四众平台企业提供管理指导、技能培训、市场开拓、标准咨询、检验检测认证、研发设计等服务。实施“创新券”补助政策，支持企业向高校院所、科技服务机构购买技术和服务。各镇（街道、园区）可结合实际通过政府采购社会专业化创业服务的形式，为劳动者提供各类创业服务。（市科技局、市人力资源局、市社保局、市财政局）

七、打造创业创新平台，增强支撑作用

（二十）打造创业创新公共平台

加强创业创新信息资源整合，建立创业政策集中发布平台，增强创业创新信息透明度。加快公共创业服务信息网和业务管理系统建设，构建高效便捷的公共就业创业网上服务平台，实现就业创业服务和补贴申领发放全程信息化管理。继续办好各级各类创业创新大赛，以赛事活动引导形成激励创业创新的良好导向。大力推动服装、家具、鞋帽、玩具、食品、模具等专业镇转型升级，支持发展一批中小微企业公共技术创新服务平台。建立专业镇公共技术服务平台，发挥虎门“全国服装（休闲服）知名品牌创建示范区”示范带动作用。利用知识产权大数据应用平台，向全社会免费提供基础数据，向中小微企业开展专利信息推送服务，实现知识产权信息利用便利化。鼓励和支持有条件的大型企业发展创业平台，利用企业资源支持企业内外部创业者创新创业。通过国有企业员工持股等多种形式，搭建员工创业平台。开展创业企业、天使投资、创业投资年度统计工作，加强数据监测和分析。（市人力资源局、市社保局、市经信局、市教育局、市科技局、市国资委、市工商局、市统计局、市文化广电新闻出版局、市科协）

（二十一）打造创业创新技术平台

组建技术市场运营平台、专利运营平台，建立“线下＋线上”科技服务模式，通过网上共享推介和线下洽谈对接，推动

科技成果的转移转化。引导和支持有条件的领军企业创建特色服务平台，向企业内部和外部创业者提供资金、技术和服务支撑。（市科技局、市发改局、市经信局、市人力资源局、市社保局、市文化广电新闻出版局）

（二十二）打造创业创新区域平台

加快推进全面创新改革试验，在知识产权、人才流动、国际合作、金融创新、激励机制、市场准入等重要领域先行先试。积极参与珠三角国家自主创新示范区建设，编制自主创新示范区发展规划纲要、空间发展规划和建设实施方案，形成与全省开放型区域创新体系联动协作、具有东莞特色的开放型区域创新体系。优化自主创新示范区内部布局，围绕高端电子信息、生物医药、机器人、水处理、新能源等重点产业布局。在全市构建“一廊两核三带多节点”的创新发展空间格局，谋划建设滨海湾新区创核心，强化松山湖高新区创引领作用，在广深科技创新走廊沿线布局东莞中子科学城、常平国际创新港等创新节点。［松山湖（生态园）管委会、滨海湾新区管委会、常平镇政府、市发改局、市经信局、市科技局、市财政局、市人力资源局、市社保局、市住房和城乡建设局、市商务局、市工商局、市地税局、市文化广电新闻出版局、市外事侨务局、市府金融工作局］

（二十三）打造“双创”示范基地

大力加强“双创”示范基地建设，积极推荐省级“双创”示范基地申报国家级“双创”示范基地。落实省新兴产业“双创”示范基地三年行动计划，依托各类创业创新产业园区、高校科研院校和创新型企业，争取打造一批创业创新要素集聚、服务专业、布局优化的国家级和省级新兴产业“双创”示范基地，推动建设一批创业创新的支撑平台。构建“众创空间—孵化器—加速器—科技园区”全产业链的创新创业载体。争取发行“双创”孵化专项债券，加大对“双创”孵化项目支持力度。在新兴产业核心关键技术环节培育一批创业创新企业，形成一批服务完善、成效显著的众创空间。[市发改局、市经信局、市科技局、松山湖（生态园）管委会、长安镇政府]

（二十四）加强平台用地保障

根据省政府有关文件精神，在符合土地利用总体规划、城乡规划和产业发展规划的前提下，每年可安排一定比例的全市计划用地作为科技企业孵化器建设用地。结合供给侧结构性改革去库存工作，引导房地产开发企业将库存工业、商业地产改造为孵化器和众创空间。利用新增工业用地开发建设科技企业孵化器，可按一类工业用地性质供地。工业用地建设的科技企业孵化器，在不改变科技企业孵化服务用途并经过相关部门审定或者确认界限的前提下，其载体房屋可按幢、层、套、间等有固定界限的部分为基本单元进行产权登记并出租或转让。利用存量房产兴办创客空间、创业咖啡、创新工场等众创空间的，可实行继续按原用途和土地权利类型使用土地的过渡期政策。鼓励开发区、产业集聚区规划建设多层工业厂房、综合研发用房等，供中小企业进行生产、研发、设计、经营多功能复合利用。鼓励在规划许可前提下，盘活闲置的商业用房、工业厂房、企业库房、物流设施和家庭住所、租赁房等资源，为创业者提供低成本办公场所和居住条件；有条件的可改造为创业园区，以及为园区创业者服务的低居住成本住房。鼓励有条件的镇（街道、园区）通过财政补贴、发放租房券等方式，支持创业者租赁住房。简化创业用房和创业园区改造工程审批流程。（市国土资源局、市住房和城乡建设局、市科技局、市财政局）

八、激发创造活力，发展创新型创业

（二十五）激发科研人员创业活力

高校和科研院所等事业单位专业技术人员，经所在单位批准并签订合同，可离岗从事创业工作，离岗三年为一期，最多不超过两期，离岗期间保留人事关系，与原单位同等条件人员同等享有参加职称评聘、岗位等级晋升和保留社会保险关系等方面的权利。对科研人员因公出国进行分类管理，放宽因公临时出国批次限量管理政策。高校和科研院所要抓紧制定专业技术人员在职创业、离岗创业的内部人事管理办法。落实创新型中小企业上市股权激励和员工持股等制度规则。加快实施新型研发机构成果转让转化收益奖励、高校院所科研人员技术入股收益提取等机制。落实经营性领域技术入股改革要求，选取相关高校院所进行试点，完善技术入股相关机制。推进东莞市科协所属学会有序承接政府转移职能试点，探索学会服务地方经济社会发展的有效方式。（市教育局、市科技局、市人力资源局、市社保局、市科协）

（二十六）激发大学生创业活力

鼓励有条件的高校搭建创业信息交流平台，建设大学生创业创新示范基地、大学生创业创新教育示范校、大学生创业创新园、创业创新模拟实验室、创业孵化基地等创新实践平台。实施大学生创业素质提升、创业政策助推、创业服务优化和创业文化培育工程，提升大学生创业意识和能力，扩大大学生创业规模。鼓励高校成立创业创新俱乐部，聘请创业成功者、企业家、投资人等人士兼任创业创新导师，推行大学生创业校企双导师制，为大学生创业创新提供培训和辅导。支持高校推进学分制管理改革，实行弹性学制管理，支持大学生保留学籍休学创业。（市教育局、市财政局、市人力资源局、市社保局、市科协）

（二十七）激发境外人才来莞创业活力

充分发挥中国（东莞）国际科技合作周、东莞高层次人才活动周、“千人计划”专家东莞行等平台的桥梁纽带作用，大力开展招才引智。加强海外人才工作站和中国科协海智计划广东（东莞）工作基地建设，组织开展高规格的引才揽人活动，引进海外人才来莞创新创业。落实外籍高层次管理人才、高科技人才以及来粤投资人才入境、居留便利等有关政策。探索建立外籍高层次人才“绿卡”制度，切实解决高层次科技人才医疗卫生、子女入学、配偶就业、学术交流等问题。培育建立海外科技人才离岸创业基地，支持特色留学人员创业园建设。[市人才办、市人力资源局、市社保局、市科技局、市公安局、市财政局、市商务局、市科协、各镇（街道、园区）]

（二十八）完善创业人才培养与流动机制

继续创新中等职业教育，新开新兴产业配套专业。加强创新创业工作的指导，增强学生的创新意识。探索新加坡“教学工厂”本土化模式，加强校企合作。实施“一镇一品”技能人才培养计划，办好各类“创客”嘉年华活动和创新创业大赛。贯彻落实省有关文件精神，将专利创造、标准制定及成果转化作为职称评审的重要依据之一，科技人员参与职称评审与岗位考核时，发明专利转化应用情况与论文指标要求同等对待，技术转让成交金额与纵向课题指标要求同等对待。加快推进社会保障制度改革，适应人才流动的需要，实现社会保险关系顺畅转移接续。对符合条件的创业失败者，按规定落实社会保险补贴、岗位补贴、培训补贴、费用减免、职业介绍补贴、职业技能鉴定补贴等扶持政策。（市教育局、市人力资源局、市人才办、市社保局、市国资委、市科协）

九、拓宽城乡创业渠道，实现科技带动就业

（二十九）支持返乡创业集聚发展

认真贯彻落实《国务院办公厅关于支持农民工等人员返乡创业的意见》（国办发〔2015〕47号），大力实施鼓励农民工等人员返乡创业三年行动计划，强化政策衔接，鼓励和引导更多有技术、有资本、会经营、懂管理的农民工等人员返乡创业。以科技创新引领和支撑现代都市农业发展。支持农业领域的科技创新项目，开展农业技术攻关和先进适用技术推广。加大农产品生产质量安全全程控制技术和农产品加工及物流等新技术的研发和应用。加快现代农业园建设，建立农业科技成果转化示范基地和农业高新科技展示窗口，促进农业品种优良

化、技术先进化、管理科学化、生产标准化。依托农业科研单位共建都市农业科技创新中心，推动高素质人才和重大科研项目向东莞市聚集、重大科研成果在东莞市孵化应用。探索发展生物育种高科技农业技术，研发具有较强市场竞争力的特色品种，输出辐射国内外市场。选择并支持一批政策落实好、创业创新环境优的镇（街道、园区），重点开展休闲农业、农产品深加工、乡村旅游、农村服务业、家庭农场等示范试点。深入实施农村青年创业富民行动，支持返乡创业人员因地制宜围绕休闲农业、农产品深加工、乡村旅游、农村服务业等开展创业，完善家庭农场等新型农业经营主体发展环境。（市人力资源局、市社保局、市农业局、市旅游局）

（三十）支持依托电子商务创业就业

落实促进农村电子商务发展的指导意见，支持电商企业积极开展农村电子商务。引导和鼓励集办公服务、投融资支持、创业辅导、渠道开拓于一体的市场化网商创业平台发展。鼓励龙头企业结合乡村特点建立电子商务交易服务平台、商品集散平台和物流中心，推动农村依托互联网创业。鼓励电子商务第三方交易平台渠道下沉，带动城乡基层创业人员依托其平台和经营网络开展创业。（市经信局、市商务局、市农业局）

（三十一）完善基层创业支撑服务

加快完善覆盖城乡的公共就业创业服务体系，推动服务网点向基层延伸。推进城乡基层创业人员社保、教育、医疗等基本公共服务均等化，完善跨区域创业转移接续制度。强化农村劳动力专业就业培训、职工技能晋升培训和创业培训，提升基层人员创业能力。从新型职业农民、农村实用人才、技术能手、大学生村官等群体中培养农民创业创新带头人。鼓励中小商业银行设立社区支行、小微事业部，加快发展农村普惠金融，支持社区和农村创业者创业。选择一批知名农业企业、合作社、农产品加工和物流园区等作为基地，为创业创新农民提供见习、实习和实训服务。（市人力资源局、市社保局、市教育局、市卫生和计划生育局、市农业局、市府金融工作局）

十、促进线上线下融合，推动四众健康发展

（三十二）全面推进众创

汇众智搞创新，通过创业创新平台汇集众智，整合资源，实现人人都可参与创新。大力发展专业空间众创，鼓励各类科技园、孵化器、创业基地、农民工返乡创业园等与互联网融合创新，推动基于“互联网+”的创业创新活动，鼓励创客空间、创业咖啡、创新工场等新型众创空间以及线上虚拟众创空间发展。推进网络平台众创，支持大型互联网企业、行业领军企业通过网络平台向各类创业创新主体开放技术、开发、营销、推广等资源，鼓励各类电子商务平台为小微企业和创业者提供支撑。积极培育壮大企业内部众创。在确保公平竞争前提下，鼓励对众创空间等孵化机构的办公用房、用水、用能、网络等软硬件设施给予适当优惠，减轻创业者负担。（市科技局、市发改局、市经信局、市人力资源局、市社保局、市商务局）

（三十三）积极推广众包

汇众力增就业，借助互联网手段，将传统由特定企业和机

构完成的任务向自愿参与的所有企业和个人进行分工、分包。积极开展科研众包示范推广，鼓励有条件的企业将部分设计、研发工作向社会公众分包，支持“东莞科技在线”等科研众包平台发展。大力发展研发创意、制造运维、知识内容、生活服务等众包，鼓励技术先进型服务企业和服务外包重点联系企业积极应用众包模式，鼓励举办设计众包等比赛活动。支持有能力的大中型制造企业通过互联网众包平台满足大规模标准化产品订单制造需求。推动交通出行、快件投递、旅游、医疗、教育等领域生活服务众包。推动整合利用分散闲置社会资源的分享经济新型服务模式。（市科技局、市发改局、市经信局、市教育局、市交通运输局、市卫生和计划生育局、市旅游局、市邮政管理局）

（三十四）立体实施众扶

汇众能助创业，通过政府和公益机构支持、企业帮扶援助、个人互助互扶等多种方式，共助小微企业和创业者成长。加快公共科技资源和信息资源开放共享，提升各类公益事业机构、创新平台和基地的服务能力。鼓励行业协会、产业联盟等对小微企业和创业者加强服务，充分发挥行业协会、科技社团、产业技术创新联盟、新媒体等社会组织的作用，为科技创新和成果转化提供专业化服务。鼓励大中型企业通过生产协作、开放平台、共享资源、开放标准等形式带动上下游小微企业和创业者发展。支持开源社区、开发者社群、资源共享平台、捐赠平台、创业沙龙等各类互助平台发展。鼓励通过网络平台、线下社区、公益组织等途径辅助大众创业、万众创新。

（市科技局、市经信局、市教育局、市人力资源局、市社保局）

（三十五）稳健发展众筹

汇众资促发展，通过互联网平台向社会募集资金，拓展创业创新投融资新渠道。鼓励消费电子、智能家居、健康设备、特色农产品等创新产品开展实物众筹。对投资者实行分类管理，切实保护投资者合法权益，防范金融风险。规范发展网络借贷，运用互联网技术优势加强风险防控。发展互联网与实体相结合的众创金融平台，探索推出创业创新融资价格指数，为互联网项目提供网上融资支持。（市府金融工作局、市经信局、市科技局）

（三十六）推动四众平台持续健康发展

加快建设“互联网＋创新创业”示范市，加快推动众创、众包、众扶、众筹等“互联网＋”背景下创新创业模式的发展。出台四众平台建设政策。启动四众平台申报认定和组织管理工作，建设一批具有示范带动效应的四众平台。积极探索交通出行、无车承运物流、快递、金融、医疗等领域的准入制度创新，针对四众资产轻、平台化、受众广、跨地域等特点，放宽市场准入条件。创新与四众发展相适应的支付、征信和外汇服务，促进四众平台加快发展。推动相关行政管理部门与四众平台企业加强互联共享，推进公共数据资源开放，推行电子签名、电子认证，推动电子签名国际互认。适应新业态发展要求，建立健全行业标准规范和规章制度，创新监管方式，强化平台企业内部治理，明确四众平台企业在质量管理、信息内容管理、网络安全等方面的责任、权利和义务，发挥四众平台企业内部治理和第三方治理作用，健全政府、行业、企业、社会共同参与的治理机制。建立四众平台企业的信用评价机制，公开评价结果。加强行业自律规范，推行守信激励机制和失信联合惩戒机制，对违法失信者依法予以限制或禁入。四众平台企业应切实提升技术安全水平，保障信息安全和用户权益。（市发改局、市科技局、市交通运输局、市卫生和计划生育局、市经信局、市工商局、市质监局、市府金融工作局、人民银行东莞中支）

推进大众创业、万众创新是培育和催生经济社会发展新动力、激发全社会创新潜能和创造力的重大举措，各镇（街道、园区）、各部门要高度重视，进一步统一思想认识，按照国务院、省委省政府的部署和本实施意见的要求，加强组织领导，明确责任分工，形成强大合力。市全面深化改革加快实施创新驱动发展战略领导小组办公室要加强统筹协调和督促指导。建立部门之间、部门与镇（街道、园区）之间的政策协调联动机制，系统梳理各部门、各镇（街道、园区）已发布的有关支持创业创新发展的政策措施，做好“立、改、废”工作。要充分尊重和发挥基层首创精神，鼓励镇（街道、园区）和部门先行先试，探索适应创业创新和四众新模式新业态发展的新形式，及时总结形成可复制、可推广的经验。各镇（街道、园区）、各部门要建立大众创业、万众创新政策措施落实情况督查督导机制，完善政策执行评估体系和通报制度，全力打通政策部署的“最先一公里”和政策落实的“最后一公里”，确保各项政策措施落到实处。要加大宣传力度，加强舆论引导，及时总结推广成功经验做法，积极营造大力推进大众创业、万众创新的良好社会氛围。

东莞市人民政府关于做好当前和今后一段时期就业创业工作的意见

各镇人民政府（街道办事处），市府直属各单位：

就业是最大的民生。为深入贯彻党的十九大精神，全面落实《广东省人民政府转发国务院关于做好当前和今后一段时期就业创业工作意见的通知》（粤府〔2017〕101 号）的指示要求，现结合《关于做好新形势下就业创业工作的实施意见》（东府〔2015〕88 号），以及东莞市建设新东莞的要求，就进一步做好东莞市当前和今后一段时期就业创业工作提出以下意见：

一、实施更加积极的就业政策

根据省的统一部署，建立财税、金融、产业、贸易、投资等经济政策对就业影响的综合评价制度和重大项目带动就业和人力资源供需评估机制。（市人力资源局、市发改局、市经信局、市财政局、市商务局、市国税局、市地税局、人民银行东莞市中心支行；列第一位者为牵头单位，下同）

不断完善市就业创业专项资金管理办法，加强资金保障，提高资金使用效率。实施更加积极的就业政策，加大促进就业扶持力度，重点扶持高校毕业生和就业困难人员。完善东莞市就业失业监测统计体系，强化部门间信息共享和数据比对，加强就业形势分析。（市人力资源局、市财政局、市统计局）

根据国家和省要求扩大失业保险基金支出范围，进一步增强失业保险基金促进就业功能，强化制度供给创新，调整完善东莞市异地就医相关程序，进一步方便异地参保人在东莞市就医结算。（市社保局、市财政局）

二、促进毕业生就业创业

实施高校毕业生就业创业促进计划，落实求职创业补贴、应届大中专毕业生企业就业补贴、自主创业社会保险补贴、灵活就业补贴等政策，引导和鼓励高校毕业生到基层就业、多渠道就业创业。将建档立卡贫困家庭高校毕业生纳入求职创业补贴范围。调整校企合作补贴政策，鼓励企业引进人才和促进毕业生就业。（市人力资源局、市财政局）

创新青年就业见习补贴模式，将实习和见习有机结合，毕业年度高校、中职学校和技工学校毕业生的实习纳入补贴范围。（市人力资源局、市教育局、市财政局）

持续开展“展翅计划”和大学生暑期社会实践活动，加强大学生社会实践基地建设，拓宽大学生就业创业就业平台。进一步健全高校毕业生就业创业服务指导体系，支持高校设立公共就业创业指导站，加强村（社区）高校毕业生就业创业服务。通过政府购买服务等方式，为高校毕业生提供就业指导、创业指导、专场招聘等专业化服务。［团市委、市教育局、市人力资源局、市财政局、各镇街（园区）］

修订完善鼓励留学归国人员就业创业的相关政策，为留学归国人员在创业、就业方面提供与东莞市高校毕业生同等的待遇，提高留学归国人员就业创业率。支持特色留学人员创业园建设，进一步扩大省部共建东莞留创园的规模，提高服务管理水平。支持人力资源服务机构为留学归国人员在莞就业创业提供服务，争取中国留学服务中心等有实力的机构在东莞设立分中心。（市人力资源局、市财政局）

三、落实困难人员就业援助服务

落实和完善就业困难人员认定办法，将难以实现就业的“4050”（即女40周岁以上，男50周岁以上）失业人员、享受城市或农村最低生活保障的失业人员、在法定劳动年龄内且具有劳动能力和就业愿望的“零就业家庭”成员、连续登记失业一年以上人员、经残疾等级评定机构评定为残疾的人员、退役士兵、刑释解教人员、戒毒康复人员、精神病康复人员以及需赡养患重大疾病直系亲属人员列为就业困难人员，纳入重点援助范围，加强实名制动态管理和分类帮扶。大力实施就业困难人员工资差额补助、灵活就业人员工资补助、灵活就业人员社保补助、用人单位招用就业困难人员社保补贴、低保劳动力就业激励补助等帮扶政策。建立就业困难人员工资差额补助金额上限调增机制，每年根据比对的全市职工平均工资增幅进行调增。实施企业就业安置基地奖励办法，鼓励企业吸纳就业困难人员、对口帮扶建档立卡贫困劳动力就业。［市人力资源局、市财政局、市农业局、市扶贫办、市民政局、市残联、各镇街（园区）］

建立技能精准扶贫对接机制，每年提供一定名额面向昭通市招录建档立卡贫困户初中以上学历毕业生，并按有关规定给予减免学费和生活补贴。符合条件的贫困家庭人员参加技能晋升培训并获得职业资格证书的，给予培训补贴及生活费补贴。（市人力资源局、市财政局）

进一步完善就业失业登记制度，简化办理流程，落实就业服务和政策扶持。引导去产能涉及人员登记失业，促进失业转就业创业。（市人力资源局）

强化党政机关、企事业单位的公益性岗位统筹开发和归口管理，财政投资或扶持开发（购买）的公益性岗位按不低于招用计划40%的比例招用就业困难人员，招用信息报市、镇街（园区）人力资源和财政部门，并通过市、镇、村三级公共就业服务平台发布，招用的情况报市、镇人力资源部门备案。[市人力资源局、市民政局、市财政局、各镇街（园区）]

四、持续推进大众创业工程

深入推进简政放权和商事制度改革，通过探索实施“多证合一”和全程电子化登记制度，提升全市开办企业便利化水平，不断优化创业创新环境，激发创业创新活力。（市工商局、市发改局、市编办、市经信局、市科技局等有关部门）

完善小额创业贷款政策，进一步放宽条件限制，帮助创业者缓解资金紧缺问题。探索创业培训与技能培训、创业培训与东莞市的特色产业相结合的培训模式。加强创业孵化基地建设，落实创业孵化基地资助、创业孵化服务补贴和创业场地租金补贴等配套政策，积极推荐基地申报省级示范性创业孵化基地、省级小微企业创业创新示范基地。充分利用优秀创业项目奖励、社会专业化创业服务资助、公共服务活动专项资助等政策，鼓励举办各类创业创新大赛等活动，培育优秀创业项目和典型。（市人力资源局、市财政局、市经信局、市科技局、团市委、市妇联、人民银行东莞市中心支行）

构建科学市场监管体系，建设市企业信用信息公示系统，打造以信息归集共享为基础、以信息公示为手段、以信用监管为核心的监管制度，健全守信联合激励和失信联合惩戒机制，营造诚信有序的创业环境。（市发改局、市工商局、人民银行东莞市中心支行等有关部门）

五、强化职业教育和技能培训

大规模开展职业技能培训，根据产业发展和市场需求，定期制定和发布东莞市急需紧缺的职业工种目录，重点对急需紧缺的职业工种进行技能培训，并按规定给予技能晋升补贴。（市人力资源局、市财政局）

推动东莞市中职学校与高职院校开展五年一贯制技能人才培养，进一步扩大中高职衔接培养高水平技能人才。（市教育局）

鼓励东莞市公办职业院校与国际知名院校合作开办国际课程班，采用先进的专业课程体系、职业资格认证体系，培养具有国际职业教育背景的高技能人才，政府对赴境外交流培训和考取国际技能资格证书的个人给予补贴。引导企业加强与东莞市职业院校合作办学，为全市职业院校学生提供实训和顶岗实习服务。（市人力资源局、市教育局、市财政局）

围绕先进制造业、现代服务业等产业需求，以政府购买服务方式，支持行业协会、企业、职业院校开展丰富多彩的职业技能竞赛，打造技能比武大舞台，营造尊重劳动、崇尚技能的社会氛围。（市人力资源局）

每年从企业生产一线选择100名高技能人才授予东莞市“首席技师”称号，给予相应待遇和培育政策，支持开展名师带徒，参与技术攻关和技术革新等活动，激励企业技能人才成长。（市人力资源局）

充分调动各镇街（园区）、行业和企业培训积极性，鼓励各镇街（园区）结合自身产业特点建立“一镇一品”技能人才培养平台，每个镇街（园区）每年自主开展一项符合本地区产业特点且在本地区有影响力的精品培训课程，树立行业标杆，带动专业镇经济发展。［市人力资源局、各镇街（园区）］

打破政府主导的单一评价模式，推动企业开展技能人才自主评价，由企业根据生产实际和工序要求组织员工参与技能鉴定评价，员工通过评价考核获得技能证书，可享受薪酬增加、职业晋升以及人才入户等待遇。（市人力资源局）

六、优化公共就业创业服务

完善市镇村三级公共就业创业服务平台建设，健全覆盖全市的公共就业创业服务体系，把公共服务延伸到村（社区）、工商业园区和大型重点企业，进一步提高服务均等化、专业化和智能化水平，为劳动者求职和用人单位招聘提供良好的公共就业服务，为登记失业等各类人员提供均等化的政策咨询、职业指导、职业介绍等全方位公共就业服务。鼓励通过购买服务方式在镇街（园区）、村社区配备职业指导、创业指导等就业创业服务专（兼）职工作人员。［市人力资源局、市民政局、市财政局、各镇街（园区）］

切实做好就业创业证与社会保障卡的有效衔接，加快实现“证卡合一”。积极推进“互联网+就业”，加强与互联网平台合作，拓宽就业创业服务通道。优化网上办事平台，充分发挥网站、微信公众号等互联网平台的作用，实现就业创业服务网上自主办理。（市人力资源局、市社保局）

充分利用东莞市“一门一网”后台管理系统和协同监管信息化系统，加强对人力资源服务机构的审批和后续监管。加快推进人力资源服务业发展，在松山湖建设人力资源服务产业园，引进一批国内外知名人力资源服务机构，以产业园建设带动人力资源服务业集聚发展，提升全市人力资源服务水平。（市人力资源局）

七、支持新就业形态发展

探索开展新就业形态劳动者就业登记，符合条件的可按规定享受就业创业服务。新就业劳动形态劳动者签订劳动合同的，用人单位要依法及时足额支付工资、参加社会保险。新就业形态劳动者符合条件的，可按灵活就业人员身份参加基本养老保险并缴纳基本养老保险费。（市人力资源局、市社保局）

探索对吸纳新就业形态人员量较大的用工平台的监测和服务，探索建立适应新就业形态的用工报告以及用人单位与从业人员权益保障机制，依法查处新就业劳动形态用人单位拖欠、

克扣与其建立劳动关系的劳动者工资的违法行为。（市人力资源局、市发改局）

八、强化保障措施

加强东莞市就业创业工作联席会议统筹领导作用，督促落实就业创业工作目标责任制，将落实就业创业工作情况纳入党政领导班子工作实绩考核，切实抓好各项工作的落实。市人力资源局要会同东莞市就业创业工作联席会议各成员单位加强全市就业创业工作的组织协调，强化就业失业统计监测，及时分析研判全市就业失业重点指标、人力资源市场供求、宏观经济运行等数据，制订完善分级预警、分层响应、分类施政的失业预警应急预案，稳住就业基本盘。在新时代、新征程上，要始终以人民为中心，在就业创业工作上实现跃升，推动全市实现更高质量和更充分就业，提高人民收入水平，确保东莞市在加快建设现代化新征程上走在前列。

东莞市人民政府

2017 年 12 月 29 日

东莞松山湖新引进人才生活补贴管理规定

第一章　总则

第一条　为贯彻落实《关于松山湖创建省级人才发展改革试验区的实施意见》文件精神，加大松山湖高新技术产业开发区（以下简称高新区）引进人才扶持力度，为人才提供生活补贴，帮助企业引进和留住人才，壮大产业人才队伍，提高区内人才整体层次，优化人才结构，推动高新区产业发展，结合高新区实际，特制定本管理规定。

第二条　在东莞松山湖高新区工商登记注册，且经营场所在高新区的独立法人，符合高端电子信息、生物技术、智能装备及机器人、新能源产业和现代服务业（主要包括总部经济、科技金融、文化创意、互联网及电子商务、软件及信息服务、集成电路设计、现代商贸流通、专业服务业）等园区“4+1”主导产业，以及激光、大健康、新材料等战略性新兴产业，新型研发机构，新型孵化器，创客空间开办机构等企事业单位的人才，符合相关条件的，列入扶持范围；已享受高新区重大政策的企业不列入扶持范围内。

第三条　本规定所需资金由高新区国家自主创新示范区发

展专项资金中的人才发展资金安排，纳入高新区财政预算管理，由松山湖人力资源分局每年编制财政预算计划，从当年高新区专项资金中的人才发展资金中据实列支。

第二章　适用范围、条件与标准

第四条　新引进人才是指在本规定第二条范围内企业（以下简称申报企业）引进的人才，同时需符合以下条件：

（一）具有全日制本科或以上学历，本科生须为应届毕业生（自毕业证书发证之日起 1 年内），本科以上学历者须为 2017 年 1 月 1 日之后首次引进的人才；

（二）与所在企业签订 1 年及以上劳动合同，在申报企业工作 12 个月及以上，并在该企业按规定连续依法缴纳社会保险（五险）或住房公积金满 12 个月；

（三）人事档案须迁入东莞市（境外人才除外）。

第五条　新引进人才的生活补贴标准为：

（一）本科生：15000 元，一次性发放；

（二）硕士研究生、博士研究生：3 万元，一次性发放；

（三）对于工作满 1 年并落户高新区的博士人才，再一次性给予 5 万元 / 人的安家补贴。

第六条　新引进人才每人只享受一次生活补贴，本科生需在自毕业证发证之日起 2 年内申请，本科以上学历者需在符合申报条件之日起半年内申请，逾期视为自动放弃。

第三章　资金申请与审批

第七条　松山湖人力资源分局于每月 20 日前接受当月申

报企业的新引进人才生活补贴申请。

第八条 申请人所在单位应对申请材料进行原件核验，申报材料中所有复印件均须注明“与原件相符”并加盖企业公章。

第九条 补贴申请和审批流程：

（一）申报企业登录“松山湖人才信息管理系统”（网址：https://218.104.189.44/login/index），或通过高新区官网的系统链接登录，注册企业账户，根据系统要求和提示上传认证材料。松山湖人力资源分局对注册企业进行申报资质在线审核。

（二）符合申报条件的个人，登录“松山湖人才信息管理系统”，注册个人账户，根据系统要求和提示提交申请材料。

（三）申请人将申请材料在线提交至企业进行审核审验。企业审核审验通过后，通过企业窗口，登录“松山湖人才信息管理系统”，对本企业申报人提交的《东莞松山湖新引进人才生活补贴申请表（个人）》在线签署同意申报或不同意申报的审核意见。打印签署意见后的《东莞松山湖新引进人才生活补贴申请表（个人）》，并由申报人手写签名。

（四）申报人所在企业于每月20日前，将符合条件的补贴申请以单位名义汇总，打印《东莞松山湖新引进人才生活补贴申请表（企业）》《东莞松山湖新引进人才生活补贴资金拨款审批表》，加盖企业公章，连同申报材料，一并集中报送松山湖人力资源分局审核。

（五）松山湖人力资源分局接收企业申报材料，自每月20日起10个工作日内（节假日和双休日顺延），按照本规定对申报材料进行审核，并出具审核意见。如申报材料不符合本规定的相关要求，5 个工作日内将“未通过”及其理由依据通知申请人所在企业。申请人所在企业自每月 20 日起 10 个工作日内未接到审核意见，则视为申报材料通过审核。申请人及其所在企业接到未通过审核意见后，可与松山湖人力资源分局本项工作主管人员沟通和要求进一步解释。经过更正和补充，符合本规定申报条件的申请人可在下一期重新提交申报材料（视为重新申报）。

（六）松山湖人力资源分局在每个申报期的最后一个工作日，对当期通过审核的人员名单和基本信息于高新区官网进行集中公示，公示期为 10 个工作日。公示期间（包括批准补贴发放一年内），任何组织和个人如对公示内容有异议，均可向松山湖人力资源分局反映或投诉。投诉应提交标注实名（公司名称及盖章或个人姓名及身份证复印件）的异议书及支持异议的证据。松山湖人力资源分局应在接到社会反映或投诉之日起 5 个工作日内，对相关情况进行核实、做出处理并将核实结果和处理情况对反映或投诉方做出公开答复。反映或投诉理由成立的，由松山湖人力资源分局重新出具“未通过”审核意见，并在 5 个工作日内通知申报企业。申请人及其所在企业接到未通过审核意见后，可与松山湖人力资源分局本项工作主管人员沟通和要求进一步解释。经过更正和补充，符合本规定申报条件的申请人可在下一期重新提交申报材料（视为重新申报）。

（七）公示期满，由松山湖人力资源分局根据公示结果对企业提交的《东莞松山湖新引进人才生活补贴资金拨款审批表》加具审核意见，报高新区人才工作分管领导审批，抄送高新区财政分局备案。

（八）高新区财政分局根据松山湖人力资源分局送达的

《东莞松山湖（生态园）国家自主创新示范区发展专项资金拨款申请表》办理拨款手续，补贴资金拨付到申请人的人才专属卡银行账户。

第四章 罚则

第十条 申请人应如实提供申报材料，并对申报材料的真实性和准确性负责。如隐瞒或提供虚假材料，或以不正当手段骗取补贴资金的，经查实后，取消申请资格，并追缴已拨付的财政补贴资金；构成犯罪的，依法追究刑事责任。

第十一条 申请人所在单位应认真审核申报材料，并对拟补贴人员的申报材料真实性、准确性负全责。一经发现造假，取消该企业所有人员享受补贴的资格，追回所有已享受补贴人员的补贴资金，并予以通报。

第五章 附则

第十二条 本规定由松山湖人力资源分局负责解释。

第十三条 本规定自颁布之日起实施，有效期至 2020 年 12 月 31 日。在本规定出台前申请及正在领取新引进人才生活补贴的人才参照《东莞松山湖（生态园）新引进人才生活补贴暂行规定》（2016 年 12 月出台），其后申请新引进人才生活补贴的人才适用本规定。

东莞松山湖（生态园）港澳青年人才创新创业专项资金管理暂行办法

第一章　总则

第一条　为规范松山湖（生态园）（以下简称园区）港澳青年人才创新创业专项资金（以下简称专项资金）管理，提高园区财政资金使用绩效，最大限度发挥财政资金对园区引进港澳创新创业青年人才的扶持作用，依据国家、省、市相关法律法规和园区相关规定，结合园区实际，特制定本办法。

第二条　专项资金由东莞松山湖（生态园）国家自主创新示范区发展专项资金中的人才发展资金安排，纳入园区财政预算管理。主要用于园区港澳青年人才创新创业项目的创业启动资金资助、办公场地及住房租金补贴、培训及参展补贴、贷款贴息，以及创业投资机构对港澳青年人才创新创业项目投资进行补贴等方面的支出。

第三条　专项资金的业务主管部门为园区人才工作局。园区人才工作局及其他相关业务部门依据部门职责和园区管委会相关规定，协同实施本办法。

第二章 适用范围、条件与标准

第四条 申报专项资金的港澳青年人才创新创业项目须符合以下条件:

(一) 以创新创业项目为核心依法设立，工商、税务、统计关系均在园区内的独立法人企业;

(二) 企业创始人年龄45周岁（含）以下，香港籍或澳门籍，且所注册企业股东中香港籍或澳门籍人员累计持股50%以上;

(三) 属于《东莞松山湖（生态园）产业发展规划(2016—2025年)》主导发展产业领域（包括高端电子信息产业、生物技术产业、机器人与智能装备产业、新能源产业以及科技金融、文化创意、互联网及电子商务、软件及信息服务、服务外包等现代服务业)，以及园区管委会重点扶持的其他产业领域。

第五条 申报专项资金的创业投资机构须符合以下条件:

(一) 工商、税务、统计关系均在园区内的独立法人企业;

(二) 投资对象为符合本办法第四条规定的港澳青年人才创新创业项目。

第六条 有下列情形之一的，专项资金不予支持。

(一) 申报过程中提供虚假材料的。

(二) 申报项目对环境负面影响大、劳动密集型等非园区主导发展类型的项目。

(三) 申报项目创业团队中香港籍或澳门籍人员不属于核心团队成员，未承担核心重要工作的。

（四）申报单位或者申报单位主要负责人、项目负责人近5年内受到过刑事处罚，或因违反有关财经、工商、税务、劳动等法律法规被行政重大处罚未满3年的；涉嫌违反有关法律法规正在接受调查的，可暂时保留其申请和资助资格，视正式处理结果，按相关条款进行处理。

（五）申报单位或者申报单位主要负责人、项目负责人有不良信用记录或者财政欠款的；有过欠税、欠薪、欠租、欠费等严重失信行为的。

（六）在享受各级政府财政资助中存在严重违约行为的。

（七）未按规定向园区统计部门报送统计报表的。

（八）其他园区管委会依法依规认为不应给予资助的情形。

第七条 符合本办法规定条件的港澳创新创业青年人才来园区创办企业，经过项目专家评审，对综合评分50分（含50分）以上项目给予创业启动资金资助；办公场地及住房租金补贴；企业培训、参展补贴；贷款贴息资助。综合评分50分以下的项目，不予资助。

第八条 创业启动资金资助。根据不同等级，可给予最高20万元的创业启动资金资助。每家创业企业只可以申报一次创业启动资金资助。

各企业资助额度根据专家评分结果确定。综合评分80分（含80分）以上，资助20万元；综合评分70分（含70分）至80分，资助15万元；综合评分60分（含60分）至70分，资助10万元；综合评分50分（含50分）至60分，资助5万元。

第九条 办公场地及住房租金补贴。港澳创新创业青年人才来园区创办企业，其办公场地原则上可享受 2 年内实际租赁面积内不超过 100 平方米，单位面积租金价格不超过 45 元/平方米的办公场地租金补贴。项目团队香港籍或澳门籍高级主管或研发团队核心成员，租赁住房的，每人可享受 2 年内实际租赁面积内不超过 60 平方米，月租金总额不超过 1800 元的房租补贴，原则上每个项目享受住房租金补贴的人员数量不超过 3 人。

第十条 企业培训、参展补贴。对于港澳青年创业企业参加由各级教育或人力资源行政主管部门审批，依法设立的教育培训机构组织的创新创业培训，经认定可给予培训经费 20%，每年不超过 5 万元的补贴。由园区管委会或在园区管委会备案并获得认可的社会机构，组织港澳青年创业企业参加国内外知名行业展会，提供参展企业参展经费 20%，每年不超过 5 万元的补贴。参展补贴范围为企业自费部分的展位费、展位装修费用及会议注册费（每单位限 2 人）。

第十一条 贷款贴息。对获得金融机构贷款的港澳青年创业项目，按照企业实际支付利息的 70% 进行核定给予贷款利息补贴，每家企业每年补贴利息最高 100 万元，补贴期限不超过两年。同一企业（项目）每年度只能就同一项贷款申请贷款贴息。

第十二条 投资补贴。对创业投资机构投资于园区港澳青年人才创新创业项目的，按照年度实际投资额给予 10% 的投资补贴，对单一港澳青年人才创新创业项目投资的补贴金额最高不超过 50 万元，同一家机构年度投资补贴总额最高不超过 100 万元。

第十三条 同一项目在享受本办法资助期间，已享受过（或同时享受）国家、省、市财政资助或园区其他专项资金资助的，按照“从高不重复”原则就差额部分给予资助。

第三章 资金申请与审批

第十四条 申报本办法资助的项目应通过港澳青年人才创新创业项目专家评审。项目专家评审由各产业招商部门在招商阶段，结合入园项目审核和研判同期进行。载体招商项目在招商过程中，应通知项目团队（或企业）按照行业归口，自行到各产业招商部门申请项目专家评审。“四新”经济和混合经济项目，以主要经济形态所属产业，到归口产业招商部门申请。

项目专家评审会由各产业招商部门根据业务工作程序自行举办。评审组由不少于 3 名专家组成，其中外部专家不少于2/3。项目专家评审会采用现场质询和答辩的方式进行。所有申报创业启动金的创业团队主要成员必须到场参加，进行项目介绍及答辩。评审专家组在评审结束后，需在“专家评审意见表”中填写项目平均得分、评审意见及签名。

招商过程中，未申请评审的项目，在本专项资金申请前，须自行到各产业招商部门申请港澳青年人才创新创业项目评审。在申报专项资金时，项目团队（或企业）与原评审项目内容（包括团队核心成员、技术、产业方向等）发生重大变更的，申报单位应重新申请参加评审。

项目专家评审结果一式三份，一份留产业招商部门存档，两份由申报单位留存及申报专项资金使用。

第十五条 项目评审申报材料（一式三份）。

（一）《东莞松山湖（生态园）港澳青年人才创新创业项目评审申请表》。

（二）企业营业执照复印件（验原件）。

（三）项目初创团队成员的港澳居民来往内地通行证（回乡卡或回乡证）、护照、身份证等有效身份证明文件复印件（验原件）。

（四）由市工商局出具并盖有查询专用章的股东身份证明材料（须注明出资或持股比例）。

（五）项目初创团队成员学历、专业技术职称等证明文件复印件（验原件）。

（六）专利证书（如有）复印件（验原件）。

（七）创新创业项目计划书。包括主要股东、研发团队、组织结构、合作伙伴、公司经营战略、市场、收入（盈利）模式、财务计划、融资计划、风险控制等反映创新创业项目主要特征的相关内容。

第十六条 专项资金的申请、受理和审批，分批次、按季度于每年1月、4月、7月、10月（以下简称工作月）由园区人才工作局组织实施。申报通知（或指南）每个工作月的第一周在园区管委会官网（www. ssl. gov. cn）发布。

第十七条 专项资金申报材料（一式三份）。

（一）申报创业启动资金资助须提交以下材料：

1.《东莞松山湖（生态园）港澳青年人才创新创业专项资金申请表》；

2.《东莞松山湖（生态园）港澳青年人才创新创业项目评审申请表》（原件一份，复印件两份）。

（二）申报办公场地租金补贴须提交以下材料：

1.《东莞松山湖（生态园）港澳青年人才创新创业专项资金申请表》；

2.《东莞松山湖（生态园）港澳青年人才创新创业项目评审申请表》（原件一份，复印件两份）；

3. 企业经营办公场地租赁协议复印件（验原件）；

4. 物业出租方出具的入驻企业正常营业的证明；

5. 办公场地租金付款凭证（银行回单）和正规发票等相关凭证复印件（验原件）。

（三）申报住房租金补贴须提交以下材料：

1.《东莞松山湖（生态园）港澳青年人才创新创业专项资金申请表》；

2.《东莞松山湖（生态园）港澳青年人才创新创业项目评审申请表》（原件一份，复印件两份）；

3. 住房租金补贴申报人员的“港澳居民来往内地通行证”（回乡卡或回乡证）、护照、身份证等有效身份证明文件复印件（验原件）；

4. 住房租金补贴申报人员的住房租赁协议复印件（验原件）；

5. 个人（或企业代付）住房租金付款凭证（银行回单）复印件（验原件）。

（四）申报培训补贴须提交以下材料：

1.《东莞松山湖（生态园）港澳青年人才创新创业专项资金申请表》；

2.《东莞松山湖（生态园）港澳青年人才创新创业项目评

审申请表》(原件一份，复印件两份)；

3. 参加培训通知及培训费用发票复印件（验原件)；

4. 参加培训的相关现场证明材料复印件，如会议资料、会场照片等。

（五）申报参展补贴须提交以下材料：

1.《东莞松山湖（生态园）港澳青年人才创新创业专项资金申请表》；

2.《东莞松山湖（生态园）港澳青年人才创新创业项目评审申请表》(原件一份，复印件两份)；

3. 参展合同及参展费用发票复印件（验原件)；

4. 会议注册费（如有）发票复印件（验原件)；

5. 参展相关现场证明材料复印件，如展会（包括展位）照片、商业洽谈照片、签约照片等。

（六）申报贷款贴息须提交以下材料：

1.《东莞松山湖（生态园）港澳青年人才创新创业专项资金申请表》；

2.《东莞松山湖（生态园）港澳青年人才创新创业项目评审申请表》(原件一份，复印件两份)；

3. 企业与金融机构签订的贷款合同复印件（验原件)；

4. 银行向企业发放贷款的有效证明；

5. 企业支付贷款利息的有效证明。

（七）申报投资补贴须提交以下材料：

1.《东莞松山湖（生态园）港澳青年人才创新创业项目评审申请表》；

2. 创业投资机构营业执照复印件（验原件)；

3. 创业投资机构与园区港澳青年人才创新创业团队（或企业）签订的投资协议复印件（验原件）；

4. 创业投资机构法人代表身份证明复印件（验原件）；

5. 创业投资机构向港澳青年人才创新创业企业投资的银行转账等有效证明；

6. 被投资港澳青年人才创新创业项目向创业投资机构预先提交的本条第二款规定所须提交的全部材料。

在同时申报专项资金多项资助时，《东莞松山湖（生态园）港澳青年人才创新创业专项资金申请表》和《东莞松山湖（生态园）港澳青年人才创新创业项目评审申请表》只需提交一套。

第十八条 申报单位按本办法第十七条之规定，将申报材料在规定时间内，全部送达园区人才工作局松山湖市民中心一楼人力资源分局前台业务办理窗口（联系电话：0769－22892062）。园区人才工作局接收全部申报材料，即视为正式受理。园区人才工作局自正式受理之日起5个工作日内（节假日和双休日顺延，下同），按照本办法第二章之规定对申报材料，以及《东莞松山湖（生态园）港澳青年人才创新创业专项资金申请表》与《东莞松山湖（生态园）港澳青年人才创新创业项目评审申请表》内容的一致性进行初审，并出具初审意见。如申报材料不符合相关规定，初审意见形成后，3个工作日内将初审意见通知申报单位。初审意见包括通过、退回、更正、补充等，对退回意见的申报材料，园区人才工作局本批次不再就同一项目接受重新申报；对须更正、补充的申报材料，申报单位在接到通知后，可在3个工作日内按意见进行更正和补充，并重新提交申报材料，视为重新申报。经更正和补充仍不符合相关规定，园区人才工作局对申报材料予以退回，本批次不再就同一项目接受重新申报。申报单位在园区人才工作局正式受理后，超过8个工作日未接到初审意见，则视为申报材料通过初审。

第十九条 园区人才工作局在每个工作月的最后一周，在松山湖（生态园）官网上对本批次通过审查的项目进行集中公示，公示期为7天。公示期间（包括后续整个项目有效期内），任何组织和个人如对公示内容有异议，均可向园区人才工作局反映或投诉。投诉应提交标注实名（公司名称及盖章或个人姓名及身份证复印件）的异议书及支持异议的证据。园区人才工作局在接到社会反映或投诉之日起5个工作日内，对相关情况进行核实、作出处理，并将核实结果和处理情况向反映或投诉方作出公开答复。反映或投诉理由成立的，由园区人才工作局重新出具审查意见，并在5个工作日内通知申报单位。

第二十条 对于公示无异议和社会反映或投诉理由不成立的申报项目，由园区人才工作局集中按批次及时逐层报分管领导、党政联席会议审批。经党政联席会议审定同意后，园区人才工作局在5个工作日内将批复意见下达给申报单位。

第四章 资金执行与管理

第二十一条 获得创业启动资金资助的申报单位在获得首期资助资金第七个月，向园区人才工作局提交《东莞松山湖（生态园）港澳青年人才创新创业项目创业启动资助资金使用自查报告》，如实申报资金使用情况。对资金使用存疑的，园区人才工作局有权要求申报单位提交相应原始凭证进行详细核查。园区人才工作局将根据自查报告结果，决定后续资金的拨付。项目执行结束后一个月内，申报单位向园区人才工作局提交项目执行总结。园区人才工作局自行或组织专家对自查报告和总结进行审查。拒不提交项目执行总结的，取消申报单位园区各类扶持政策申报资格。

第二十二条 资金拨付流程。

（一）申请单位在接到批复意见一周内，根据下达的批复意见，向园区人才工作局提交《东莞松山湖（生态园）国家自主创新示范区发展专项资金拨款申请表》，申请资助资金。在享受专项资金各款资助期间，申报单位就同一项目同类事项申报并获得市级及以上政策资助，应在园区下期补贴发放前，向园区人才工作局提交获批文件，并在《东莞松山湖（生态园）国家自主创新示范区发展专项资金拨款申请表》“资助金额”一栏中标注和自动扣减。

（二）人才工作局对《东莞松山湖（生态园）国家自主创新示范区发展专项资金拨款申请表》加具审核意见，经单位负责人、分管领导签名审批后交园区财政分局。

（三）园区财政分局根据批复意见和审批通过的《东莞松山湖（生态园）国家自主创新示范区发展专项资金拨款申请表》，以及下款规定的支付方式，办理拨款手续。

第二十三条 支付方式。

（一）创业启动资金根据专家评分确定各项目具体资助金额，原则上分 2 次支付。首次支付资助总金额的 70%，首期补助金到账半年且项目创业团队提交《东莞松山湖（生态园）港澳青年人才创新创业项目创业启动资助资金使用自查报告》后支付剩余30%。

（二）办公场地和住房租金补贴采取“先缴后补”方式，按批次予以审批额度一次性支付。

补贴期从租赁合同生效后的实际支付日期开始计算，共2年。滞纳金、管理费不纳入补贴范围。每批次补贴的租金缴纳时间，截止到该批次申报工作月前一个月；首次缴纳不足3个月的应在下一批次申报；预缴租金的，预缴部分不给予租金补贴。申报企业连续一个月不在租赁场地办公的，以及申报单位（含住房）转租、转借的，不给予租金补贴。

办公场地租金补贴申报单位首次申报获批后，在2年补贴期内，每期提交《东莞松山湖（生态园）国家自主创新示范区发展专项资金拨款申请表》，凭申报批次期限内办公场地租金付款凭证（银行回单）和正规发票等相关凭证复印件（验原件），以及业主开具的在原办公地址正常营业证明，或单位承诺书（承诺本单位在原址正常营业，无转租、退租情况），按批次向园区人才工作局申领。

住房租金申报单位首次申报获批后，在2年补贴期内，每期提交《东莞松山湖（生态园）国家自主创新示范区发展专项资金拨款申请表》，凭申报批次期限内住房租金付款凭证（银行回单）复印件（验原件），以及业主开具的在原租房地址正常居住证明，或个人承诺书（承诺由本人居住，无转租、退租情况），按批次向园区人才工作局申领。

（三）培训补贴、参展补贴、贷款贴息采取“事后报销”方式，按批次予以审批额度一次性支付。

（四）投资补贴按批次予以审批额度一次性支付。

上述各款中，《东莞松山湖（生态园）国家自主创新示范区发展专项资金拨款申请表》只需提交一套。

第二十四条 对于享受本办法创业启动资金资助的项目，申报单位应当做好财政资助资金的核算管理。

申报单位应严格按照会计制度或会计准则做好财政资助资金的会计处理，落实专账管理制度，对每一个受资助项目发生的各项费用支出原则上应建立辅助明细台账，单独核算，确保项目请款和接受财务检查时能提供真实、合法、完整的会计资料。

申报单位应严格按照项目合同书规定的项目资金开支范围和相关标准，做好项目投资经费核算，各类费用的支出比例应当严格按照项目合同书的约定执行，严禁项目承担单位将与该项目实施不相关的业务接待费、行政管理费、办公费、设备资产购置费、捐款、赞助费等纳入项目投资经费核算范围。

申报单位应规范项目资金支付管理，对单笔金额超过1万元的经费开支，必须通过开户银行转账结算，否则不予纳入项目投资额的核算范围。

第五章 罚则

第二十五条 在专项资金使用管理工作中，有下列情形之一的，按照“谁主管、谁负责”的原则，对负有直接责任或领导责任的部门负责人及相关经办人等实行问责：

（一）由于审查不严，导致不符合申报资格的申请人通过资格审查并最终获得专项资金资助的；

（二）没有严格贯彻执行专项资金资助公示制度的；

（三）违反专项资金管理的有关规定拨付资金的；

（四）有其他违反国家法律法规的行为，造成专项资金重大损失或较大负面影响确需问责的。

第二十六条 问责的方式主要分为：诫勉谈话、通报批评、责令公开道歉、停职检查、引咎辞职、责令辞职、免职。具体如下：

（一）给专项资金造成10万元以下经济损失的，对负有直接责任者予以诫勉谈话或通报批评。

（二）给专项资金造成10万元以上（含10万元）、100万元以下经济损失的，对负有直接责任者予以责令公开道歉或停职检查；对负有主要领导责任者予以诫勉谈话或通报批评。

（三）给专项资金造成100万元（含100万元）以上经济损失的，对负有直接责任者予以引咎辞职、责令辞职或免职；对负有主要领导责任者予以责令公开道歉或停职检查；对负有重要领导责任者予以诫勉谈话或通报批评。

第二十七条 在专项资金使用管理工作中，存在违反廉洁纪律、滥用职权、玩忽职守、徇私舞弊，或者截留、挪用、挤占、贪污、私分专项资金，或者其他违反法律法规的行为，对相关责任人视情节轻重给予党纪政纪处分，涉嫌犯罪的移送司法机关处理。

第二十八条 通过检举、控告、审计、查办案件或其他方式发现问责线索的，按干部管理权限，由园区监察审计部门牵头，会同组织人事部门及相关部门成立联合调查组，开展问责调查工作，提出问责建议，经园区分管领导审定后报管委会审批。问责建议经园区管委会批准后，由监察审计、组织人事部门按照有关规定办理相关事宜。

第二十九条 获资助的项目承担单位有下列行为之一的，业务主管部门应责令其限期整改。整改不及时或不按要求进行整改的，由业务主管部门通知园区财政分局及时核减、停止拨付专项资助资金或由业务主管部门追缴已拨付的专项资助资金：

（一）擅自改变项目主要建设内容和建设标准的；

（二）不按照要求规范项目资金支付管理和台账管理，导致无法证明经费支出真实性的；

（三）转移、侵占或者挪用专项资助资金（奖励、贷款贴息资金、租金补贴等除外）、将与项目实施内容无关的经费支出纳入项目投入经费核算范围的；

（四）项目组织实施不力，无正当理由未及时建设实施或完工，造成不良影响或损失的；

（五）其他违反国家法律法规和国家、省、市、园区专项资金政策有关规定的行为。

第三十条 获资助的项目承担单位有下列行为之一的，一经查实，业务主管部门通知园区财政分局停止拨付财政资助资金，并追缴已拨付的财政资助资金，依据《财政违法行为处罚处分条例》（国务院令第427号），对项目承担单位处被骗取有关资金10%以上、50%以下的罚款，或者被违规使用有关资金10%以上、30%以下的罚款，取消项目承担单位3年内申报园区财政资助资金的资格，并视情节轻重提请或移交有关机关依法追究有关责任人的行政或法律责任：

（一）提供虚假资料和凭证骗取财政专项资助资金的；

（二）将与实际支出内容不相符的票据入账骗取财政资助资金的；

（三）将同一笔经费支出多头记账，在不同的项目重复列支骗取财政资助资金的；

（四）将已获得国家、省、市有关部门立项资助且获得园区财政配套资助的项目，再次申请园区立项资助的。

第三十一条 参与本专项资金项目审查、评审、验收、绩效评价的第三方中介机构和有关专家发生重大过错和违法违规行为时，按以下方式处置：

（一）在评估过程中弄虚作假、徇私舞弊或提出的评估意见存在重大问题或明显漏洞、严重失实的，可视情节轻重，以园区管委会名义给予通报批评、取消承担财政资金资助项目评估资格、建议有关部门降低咨询资质等级等处罚，并采取适当方式向社会公布。

（二）涉嫌犯罪（构成犯罪）的，移交司法机关依法追究相关人员刑事责任；评审专家存在违规行为的，参照《东莞市“科技东莞”工程资助项目专家评审管理办法》相关规定进行处置。

第六章 附则

第三十二条 本办法相关条文与现行其他法律、法规和规范性文件如有冲突，如无特别说明，应以上位法和制定主体层级较高的文件内容为准。如与园区此前制定的相关规范性文件有冲突，以本办法为准。

第三十三条 本办法由园区人才工作局负责解释。

第三十四条 本办法自公布之日起施行，有效期自发布之日起至2018年12月31日。

东城街道关于促进街道创新驱动发展的扶持办法（试行）

第一章　总则

第一条　为深入贯彻落实国家、省、市打造创新驱动发展“升级版”有关工作部署，加快东城街道创新企业培育、创新载体建设、创新人才引进，着力奖励创新成果，强化创新金融扶持，优化创新机制，完善创新体系，推动科技、产业、人才、资本等创新要素集聚，推动东城成为复合型创新中心，提升东城在广深科技创新走廊的影响力，促进东城在更高起点上实现更高水平发展，特制定本办法。

第二条　本办法的扶持对象为促进东城街道自主创新活动和科技成果转化、科技产业发展的企业单位、研究机构、人才和项目。

第三条　设立每年最高2亿元的“创新驱动发展”专项资金（以下简称专项资金），通过资金奖补、创新券、融资、投资基金等方式，对创新项目进行动态扶持资助。

第二章　创新企业培育

第四条　为鼓励东城街道企业自主创新转化，提高全街道的创新能力，特设立东城最高创新奖项“旗峰创新奖”。

自2017年起每2年评定一次，按所申报项目的创新水平、产出效益、行业带动作用等进行综合评定，扶持成效特别突出、影响特别重大、做出特殊贡献的创新项目。每届最多设立特等奖1名、一等奖3名、二等奖5名、三等奖5名、优秀奖10名，分别最高奖励500万元、300万元、200万元、100万元、20万元。以上奖项据实评定，均可空缺。

申报“旗峰创新奖”的项目，原则上应在东城街道落户并实现产业化满2个年度，具有自主知识产权或核心专利，并已取得关键性突破，已在东城街道企业中应用并取得重大效益，形成了企业核心竞争力。

第五条　创新型企业增量提质培育奖励。

（一）创新型小微企业成长奖励。对成长为规模以上并纳入国家统计局联网直报系统统计范围的创新型小微企业，一次性奖励3万元，每家企业限获奖1次。

（二）创新型中型企业规模突破奖励。对成长为年主营业务收入不少于5亿元、年度研究与技术开发投入费用（R&D）占企业年度销售收入不低于4%、年主营业务收入2年复合增长率不低于3%、持有发明专利不少于4件，且被认定为省级或以上工程技术研究开发中心或重点实验室的创新型中型企业，经街道审定后，一次性给予30万元奖励，每家企业限获奖1次。

（三）设立创新券。创新券可用于向高校、科研院所、科技服务机构等购买技术服务、开展产学研合作、补贴科技贷款利息、支付办公场所租金、支付创新创业培训费用等。

第六条 企业研发投入奖励。

（一）企业研发机构奖励项目。对被认定为国家级、级省、市级企业工程技术研究开发中心或重点实验室的企业，分别一次性奖励 200 万元、20 万元和 10 万元；其认定级别提高后，按差额核拨奖励资金；对自建研发机构并经市科技局审核同意备案登记的规模以上工业企业，每家一次性奖励 1 万元。

（二）企业研发投入奖励项目。对年度研究与技术开发投入费用（R&D）占企业年度销售收入不低于 3% 的企业，按照国家统计部门核定的企业年度研发投入金额的 1% 实施一次性奖励，每家企业最高奖励不超过 30 万元；企业年度研发投入经市统计部门核定不为零的，对其统计填报人员，一次性奖励 2000 元。

第七条 高新技术企业奖励。

（一）对在东城通过高新技术企业认定或重新认定的企业，以及搬迁至东城的高新技术企业，已被纳入规模以上统计库的，一次性奖励 5 万元；未被纳入规模以上统计库的，一次性奖励 3 万元。

（二）对进入省高新技术企业培育库的企业，一次性奖励 1.5 万元。

第八条 企业管理提升扶持。

（一）企业贯标奖励。对通过《企业知识产权管理规范》（GB/T 29490-2013）认证的企业，一次性奖励 2 万元。

（二）名牌名标奖励。在本办法实施期间，对新获得“中国名牌产品”“中国驰名商标”的高新技术企业，经街道审定后，一次性给予最高50万元奖励；对新获得“广东省名牌产品”“广东省著名商标”的高新技术企业，经街道审定后，一次性给予最高30万元奖励。

第三章　创新载体建设

第九条　科技平台建设扶持。以建设新型研发机构为主抓手，着重打造ICT（信息和通信技术）、新能源、新装备、新材料、人工智能、生物医药等重点领域重大产业创新平台。通过引进落户、合作共建、龙头企业自建等模式，搭建一批新型研发机构及重大科技产业创新平台，以此为依托，吸引科技、人才、资本等创新要素聚集，引入、孵化一批具有突破性、示范性的科技成果。对认定为东城街道重点科技平台的新型研发机构，可给予项目开办（含装修改建、场地租赁等）、设备购置或租赁、运营服务等方面资助，累计最高不超过1000万元；符合“旗峰实验室”认定条件的重大科技产业创新平台，可通过共建方式，给予累计最高不超过5000万元的专项扶持。

第十条　高层次人才团队双创平台扶持。

（一）对在东城街道注册，并设立“千人计划”专家工作站、“千人计划”双创基地、“千人计划”创业园区等人才工作基地的独立法人单位，经街道审定后，根据具体服务协议约定，可对相关单位给予累计最高300万元的项目扶持。

（二）对在东城街道注册、年销售额5000万元以上，并组建院士工作站的企业，经街道审定后，一次性给予最高30万元资助；通过市认定后，再一次性奖励50万元。

（三）对在东城街道注册、具备专门研发机构和较高研发水平，并设立博士后工作站、流动站、创新实践基地的企业，经街道审定后，一次性给予最高20万元资助，通过市认定后，再一次性奖励50万元。

第十一条 培育创新生态。

（一）社区建设创新载体奖励。对社区利用自有土地投建或改建旧工业区、旧村为创新孵化载体，且建筑面积不少于5000平方米的，经街道认定后，给予社区最高100元/平方米的奖励，最高不超过100万元。

奖励资金分两期拨付，社区与相关单位签订投建或改建合同，经街道核实后，拨付资助经费总额的60%；项目竣工经街道认定后，拨付资助经费总额的40%。

（二）社区落地创新技术项目奖励。对上述由社区投建或改建的创新孵化载体，通过引进高新技术产业、新兴产业优质项目和高新技术企业，累计缴纳所得税街道财政留成部分达100万元的，经街道审定后，再给予载体所在社区一次性最高100万元的奖励。

（三）科技孵化器扶持奖励。

1. 对通过国家认定且年度考核评价合格或以上的科技企业孵化器，一次性给予孵化器运营单位200万元奖励；对通过省认定且运营评价中被评为C级或以上的科技企业孵化器，一次性给予孵化器运营单位100万元奖励。其认定级别提高后，按差额核拨奖励资金。

2. 对已通过省认定且运营评价中被评为C级或以上的科

技企业孵化器（加速器）的在孵企业，按实际租用面积最高给予每月5元/平方米的补助，单家企业最高补助面积为500平方米，每个孵化器每年合计补助金额不超过100万元，最多补助3年。

3．对租用街道办事处所属物业运营科技孵化的服务平台，经街道审定后，可获得融资租赁、商业保理、资金入股等金融服务扶持。

第十二条 龙头企业建设产业集群扶持。对被认定为省级或以上研发机构的企业，引领上下游企业聚集东城并形成规模化产业链的，经街道审定后，给予最高不超过100万元的专项扶持。

第四章 创新人才引进

第十三条 创新型人才是指已在或将引进东城街道就业的，主持市级或以上科技项目，且具备全日制硕士研究生或以上学历或拥有中高级职称的人才。

第十四条 人才培育扶持。组织举办创业路演、创业沙龙，高层次人才交流对接、企业实地参观交流、人才进修培训等活动，培育引进高层次人才。

第十五条 人才团队“旗峰英才卡”计划。设立“旗峰英才卡”，对街道发展作出显著贡献的创新型人才或团队骨干，经街道审定后颁发。持卡人纳入街道主要领导联系高层次人才名单，可在子女入学、医疗服务、户籍迁入、街道人才公寓租赁、创新项目资源倾斜等方面享受特殊优惠待遇。

第十六条 人才团队安居计划。

（一）对东城街道引进的创新型人才或团队，在东莞市辖区内未购置商品房、未申请人才公寓的，经街道审定后，给予街道人才公寓优先使用权，或给予每月最高 3000 元租房补贴，补贴期限不超过 3 年。

（二）对引进或主持实施的项目带来显著经济效益，且在东城街道连续缴满 12 个月社保的人才，如在东莞市辖区内未购置商品房的，经街道审定后，可一次性给予人才最高不超过 100 万元购房补贴。

第十七条 人才团队乐业计划。

（一）对符合本办法规定的创新驱动发展领军人才或团队骨干，经街道审定后，按其上年度在东城街道缴纳的工薪收入个人所得税街道财政留成部分最高 80% 给予补贴，补贴期限不超过 36 个月，每人每年最高补贴不超过 50 万元。

（二）对符合本办法规定的领军人才或团队骨干，其子女可申请到街道公办中小学就读。

第十八条 人才团队创业扶持。对符合本办法规定的创新驱动发展领军人才或团队骨干，在东城街道引进、创办并主持科研成果转化项目的，优先推荐至街道现有的国家、省级孵化器落地。经街道审定后，通过财政直接资助、街道企业共建等方式给予项目最高不超过 500 万元资助，并鼓励街道产业基金对项目进行投资扶持。

第十九条 人才团队项目资助。对引进获得省、市立项资助的创新科研团队的独立法人企业，验收通过后按照东莞市实际奖励金额一次性给予最高 1∶0.5 配套奖励；对未经广东省、东莞市认定的高层次人才或创新科研团队，落户东城街道创办企业的，经双方协议和街道审定后，可先参照广东省、东莞市相应奖励标准给予1∶0.5至1∶1的资助，并积极协助申报广东省、东莞市相关人才团队的认定。

第二十条 招才引智奖励。对成功引进创新型人才团队相关产业项目落户东城的，经街道审定后，根据项目对东城的综合贡献给予项目引荐者一次性最高不超过50万元奖励。项目引荐过程采取事前备案、事后审议的形式。

第五章 创新成果扶持

第二十一条 设立核心技术攻关专项扶持。围绕ICT（信息和通信技术）、新能源、新装备、新材料、人工智能、生物医药等重点领域，开发出标志性产品，支持具有自主知识产权、技术成熟度高、产业化前景明确、能尽快转化应用的科技成果进行产业化。经街道审定后，单个项目可通过财政直接资助的方式给予最高不超过1000万元资助，并鼓励街道产业基金对项目进行投资扶持。项目不限申报时间，每年扶持不超过5个。

第二十二条 创新成果转化奖励。每年扶持不超过10项创新成果转化项目，申请奖励的项目年产值必须达3000万元以上。经街道审定、项目成果转化后，按上一年度产值分档次给予一次性奖励：年产值3000万元至1亿元（含）的，每个项目直接奖励最高不超过10万元；年产值在1亿元至2亿元（含）的，每个项目直接奖励最高不超过30万元；年产值在2亿元以上的，每个项目直接奖励最高不超过50万元。

第二十三条 发明专利奖励。奖励对象为专利登记地址在东城街道，且专利权人为东城街道的企事业单位、社会组织或东城街道户籍的居民。

（一）对获得国内发明专利授权的发明专利，每件一次性奖励1万元；个人获授权发明专利每年奖励不超过5件。

（二）获得美国、日本、欧盟成员国授权的发明专利每件奖励2万元；对在设有专利审批机构的其他国家或地区（港澳台除外）获授权的发明专利，每件奖励1.5万元；获得港澳台授权的发明专利每件奖励1万元。同一PCT专利申请，最多可申请2个境外国家或地区的授权奖励。

（三）通过PCT途径申请境外发明专利，国际检索单位书面意见（237表）或专利性国际初步报告（409表）显示同时具备新颖性、创造性、实用性的，每项一次性奖励1万元。

第六章　创新金融扶持

第二十四条　科技金融奖励。

（一）企业上市资助。

1. 上市前奖励。对东城街道企业申请在境内外证券交易所首次公开发行股票上市，且申请资料经正式受理的，按照市财政资助金额1∶0.5的比例给予资助，每家企业最高资助100万元。

2. 上市后首发融资奖励。对东城街道企业在境内外证券交易所成功上市，并首发募集资金的企业，按照市财政资助金额1∶0.5的比例给予资助，每家企业最高资助250万元。

（二）全国股转系统奖励。

1. 全国股转系统挂牌奖励。对东城街道成功挂牌全国股转系统的企业，按照市财政资助金额 1∶0.5 的比例，给予一次性配套 10 万元奖励；对进入创新层的企业，再按比例给予一次性配套 15 万元奖励。

2. 全国股转系统融资奖励。对东城街道成功挂牌全国股转系统，并通过直接融资方式实现融资的企业，按照市财政资助金额 1∶0.5 的比例给予资助，每家企业最高资助 50 万元。

（三）直接债务融资资助。对东城街道成功发行直接债务融资工具（企业债、公司债、资产证券化、短期融资券、中期票据等）的非上市企业，按照市财政资助金额 1∶0.5 的比例给予资助，每家企业最高资助 25 万元。

第二十五条 推进科技金融服务体系建设。整合股权投资机构、上市公司、证券公司、律师和会计师事务所、科技担保机构、科技创新平台等力量打造科技金融服务平台，建立完善科技、金融与产业有效融合的信息对接和项目匹配渠道与机制。

第七章 创新申报评定

第二十六条 东城街道党政领导班子联席会议是本办法的最终审批机构，具体负责本办法的审定与修改、专项资金总额审议核定、年度计划审定、项目表彰审核、“一事一议”决策等事项，具有最终审批权。

第二十七条 设立东城街道创新驱动发展战略领导小组（以下简称领导小组），负责统筹东城街道促进创新驱动发展的具体工作，审核专项资金安排方案。

第二十八条 街道创新驱动办负责提出专项资金的年度预

算建议，受理专项资金的申请和材料审核，组织对有关项目的实施情况进行监督检查。

第二十九条 项目申报主体可参考街道办事处发布的项目申报指南进行资料提交，原则上每年集中受理申报不少于3次。其中，引进类项目原则上不限定申报时间，常年受理。

第三十条 符合奖励申报条件的申请单位、申报人，需向街道创新驱动办提交下列资料：

（一）《东城街道创新驱动专项资金申请书》；

（二）企业营业执照、税务登记证副本、组织机构代码证副本、法人代表身份证、复印件等；

（三）项目批准文件、下达文书或合同等相关证明文件复印件；

（四）街道创新驱动办等主管部门要求提供的其他相关材料。

第三十一条 申报单位应规范财政资金申报及管理。项目单位提出奖励申报时需向街道创新驱动办提交承诺函，承诺申报项目和资料的真实性、准确性和完整性。

第三十二条 审批程序，按照《东城街道促进企业科技创新专项资金资助项目立项审批管理办法（试行）》（东城府〔2016〕20号）及其他有关规定执行，对申报项目据实评定。

第三十三条 对于经相关规定获批的奖励扶持，同一单位的同一个项目（指项目实施内容或支出内容相同），按最高级别奖励，不给予重复资助。

第三十四条 街道党政领导班子联席会议可根据企业对街道的综合贡献和工作需要，对企业所获资助奖励金额进行调整。

第三十五条 专项资金经费的监管与绩效评价按有关规定执行。项目申报单位如有违反国家法律法规、弄虚作假等违规行为，我街道将按有关规定追回已发放的资金并保留追究其法律责任的权利。

第八章 附则

第三十六条 本办法实施期间内获审批通过的奖励对象，在资格存续期间可按本办法有关规定继续给予奖励。

第三十七条 本办法由东城街道创新驱动办负责解释。

第三十八条 本办法自发布之日起试行，有效期至 2018 年 12 月 31 日，东莞市东城街道党政领导班子联席会议可根据实际情况对本办法进行修订和调整。东城街道此前出台的《东城街道关于促进企业科技创新的奖励办法》（东城府〔2015〕29 号）同时废止。东城街道此前出台的有关政策，凡与本办法规定不一致的，按本办法执行。

长安镇“优才卡”制度实施方案

（2017年修订）

为加强长安新型城镇化建设，吸引更多优秀人才留在长安、扎根长安、建设长安，增强对长安镇的归属感，2015年3月长安镇制定了《长安镇“优才卡”制度实施方案》（以下简称原方案），为更好地执行《中共长安镇委员会、长安镇人民政府关于进一步加强人才工作的意见》（长委〔2016〕6号）精神，促进长安经济社会科学持续发展，结合长安镇实际，现对原方案修订如下：

一、工作目标和基本原则

（一）工作目标

根据《国家新型城镇化规划（2014—2020年）》和东莞市“一中心四组团”新型城镇化格局的总体要求，为更好地实施长安镇“一改两区三提升”发展战略，通过向符合条件的社会各界外来人员发放优才卡，推动外来人员市民化，使其可凭“优才卡”享受子女入学教育、医疗、购房优惠、就业、投资创业、文化、政治待遇、户籍、社会保障、公共交通等方面的公共服务和优惠政策，从而吸引和留住更多的人才。

（二）基本原则

坚持客观公正、公开透明、科学评价、程序规范、高效便民的原则。

二、“优才卡”的申请对象

（一）基本条件

（1）在长安镇投资、经商、就业的非东莞市长安镇户籍中国公民或境外人员。

（2）遵守中华人民共和国法律法规，无刑事犯罪记录。

（3）无参加国家禁止的组织及其活动。

（二）申请条件

凡符合基本条件，并达到以下条件之一的，可申请办理“优才卡”。

1. 投资纳税型

（1）在长安镇拥有房产，持有时间在6年以上，且房产购买价格达到300万元人民币以上的个人；

（2）近三年内，在长安镇连续缴纳个人所得税累计达20万元人民币以上的个人；

（3）近三年内，在长安镇连续纳税累计达30万元人民币以上的个体经营户负责人；

（4）近三年内，在长安镇连续纳税累计达300万元人民币的企业股东（投资比例不能低于25%）。

以上“近三年内”是指“近三个完整的纳税年度，税额以税款入库期计算”。

2. 学术技能型

（1）具有博士研究生以上学历（学位）的人才；

（2）具有副高以上专业技术职称的各类专业人才；

（3）具有高级技师职业资格的专业人才；

（4）获得国家发明专利（仍在有效期内）一项以上的人才（申请人应为发明人，且该专利的专利权人须为申请人本人或在东莞市依法注册的企事业单位）；

（5）获得东莞市特色人才资格证书或首席技师资格证书的人才；

（6）获得国家、省、市职业技能竞赛奖项的人才；

（7）其他具有特殊技能的专业人才。

3. 企业推荐型

长安镇规模以上大型企业和国家高新技术企业推荐的中高层管理或技术人才。

三、“优才卡”的主要功能

“优才卡”仅限于在东莞市长安镇范围内使用。持卡人凭卡可享受以下公共服务和优惠政策：

（一）教育服务

持卡人子女在义务教育的起始年级阶段（不含插班），可优先安排入读镇公办小学、初中或给予每人6000元/学年的民办学位补贴。学位由镇教育部门统筹安排。

（二）医疗救助服务

长安镇设立“优才卡”专项医疗救助基金，资金来源于镇财政拨款，专款专用。持卡人在患重大疾病或遭受意外伤害后可向社会事务局申请专项医疗救助资金，每人每年可申请最高金额5万元。救助费用由人力资源分局设专项科目列支，具体条件参考《东莞福彩关爱基金临时救助办法》有关规定。

重大疾病范围参见东莞市社保局编制的《东莞市职工基本医疗保险特定门诊病种目录》。

（三）购房优惠服务

持卡人在长安镇新购置房产的，长安镇对其实行购房补贴：按其新购置房产缴纳契税的镇级分成部分80%的比例对其进行补贴，当年补贴总额不超过其上一年度个人所得税年度总额；如果其缴纳个人所得税年度总额达到15万元人民币（含）以上的，还可获得其上一年度个人所得税的镇级分成部分的全额补贴。

（四）就业服务

（1）持卡人可享受镇人力资源部门提供的人事人才政策咨询和就业服务；

（2）持卡人通过认定、评审或考试取得专业技术职称证书的，长安镇给予一次性证书补贴，补贴金额：初级职称证书补贴1000元/人，中级职称证书补贴2000元/人，高级职称证书补贴4000元/人。

（五）投资创业服务

（1）根据国家、省、市有关政策综合协调解决持卡人在投资创业过程中的各种困难，提供政策咨询、项目申报、争取各类政策扶持资金等服务；

（2）根据持卡人在长安投资的企业需要，可协调银行提供融资服务，协助有需要且符合条件的企业进行合法社会筹资；

（3）持卡人在长安合法自主创业经营一年以上、依法纳税的，可享受一次性创业奖励金5000元。

（六）文化服务

持卡人可免费参加在长安举办的各类公益性文体活动、文化培训，可享用长安镇内文体设施及场馆（图书馆、公园、体育馆等）以及免费办理借书证等优惠服务。

（七）政治待遇

（1）持卡人可作为长安镇党、团、工会等组织的优先发展对象；

（2）持卡人可应邀列席参加长安镇的有关重要会议；

（3）持卡人中符合条件的优秀党员，经组织部门考察推荐，可委任为社区党工委委员；

（4）持卡人可参选镇党代表、政协委员，参与长安镇的重大事项的决策和研究。

（八）户籍服务

（1）持卡人可免费办理居住证，并享受长安镇有关部门提供的便利服务；

（2）持卡人可按国家、省、市有关规定申请办理入户。

（九）社会保障服务

持卡人在东莞依法参加社会保险，长安镇对其进行社保缴费补贴，补贴实行先缴后补，持卡人缴费满 12 个月后可一次性申领补贴 3000 元。

（十）公共交通服务

持卡人及其父母已达到法定退休年龄的，向镇社会事务局申请免费乘车卡，凭卡可免费乘坐镇内公交车。

四、“优才卡”的发放规模和分配

根据长安镇经济发展水平和承载公共服务的能力，每年发放“优才卡”300 张。“优才卡”分配比例如下：投资纳税型占 20%，学术技能型占 40%，企业推荐型占 40%；“优才卡”管理机构可根据当期急需的特殊技能人才适当调整比例。

“优才卡”的发放坚持“先分类后抽签”的原则。申请人选择一种类别进行申请，如该类别申请人数超过该类别的分配名额，则以抽签方式确定“优才卡”的发放对象。抽签方案由“优才卡”管理机构制定并委托独立第三方和公证机构具体实施。

五、“优才卡”的申办程序

“优才卡”的申办工作，采取网络申报和纸质文件结合的方式，按照个人申请、“一口”受理、集中评审、网上公示的流程办理，具体步骤如下：

（一）申请

符合条件的申请人，应一次性向“优才卡管理机构”提交所需资料。

1. 基本资料

（1）中国内地居民，需提交本人居民身份证，户口簿；香港、澳门特别行政区居民，需提交本人港澳居民来往内地通行证；中国台湾居民，需提交本人台湾居民来往大陆通行证，并持有多次出入境有效签注；外国人，需提交护照，以及在有效期内的外国人就业许可证；近期大一寸免冠彩照 1 张及电子照片。

（2）无参加国家禁止的组织及其活动，无刑事犯罪记录的声明（现场填报）。

（3）在长安投资、经商、就业证明材料。①属于投资类别的，提供房产证（房屋登记信息查询结果）或营业执照；②属于就业类别的，提供劳动合同或事业单位聘用合同；③属于经商类别的，提供设立组织机构的工商营业执照副本。

2. 证明材料

（1）投资纳税型：①在长安镇投资房产的，需提供房产证、完税证明。②个人缴纳工资薪金纳税需填报《纳税情况登记表》《东莞市地方税务局开具涉税证明审批表》等证明材料。③个体经营户负责人需填报《纳税情况登记表》《东莞市地方税务局开具涉税证明审批表》，并提供营业执照副本、税务登记证复印件（盖章）等证明材料。④企业股东需填报《纳税情况登记表》《东莞市地方税务局开具涉税证明审批表》，并提供营业执照副本、税务登记证复印件（盖章）等证明材料。

（2）学术技能型：①博士研究生以上学历（学位）的，需提供学历、学位证书，以及学历鉴定机构出具的验证证明（能够在教育部“学信网”查询个人学历情况的，不需提供学历验证证明，只需提供“学信网”有效的验证码）。②副高以上专业技术职称的，证书须为东莞市人力资源专业技术资格查询系统作出查验，未能作出有效查验的，需提供发证机关出具的相关证明。③高级技师国家职业资格证书的，需提供高级技师国家职业资格证书，证书须在国家职业资格工作网、广东省职业技能鉴定指导中心网或东莞市职业技能鉴定办公室证书网作出查验，未能作出有效查验的，需提供原发证机关开具的证书验证证明。④获得国家发明专利的，需提供国家发明专利证书。⑤获得东莞市特色人才资格证书或首席技师资格证书的，需提交东莞市特色人才证书或首席技师资格证书。⑥提供近3年由东莞市人力资源局主办或联合部门、行业举办的职业技能竞赛获得一、二、三等奖的证书；近3年由东莞市人力资源局或东莞市教育局推荐参加的广东省人力资源和社会保障厅或广东省教育厅主办或联合部门、行业举办的职业技能竞赛获得奖项的证书；近3年由东莞市人力资源局推荐参加国家人力资源和社会保障部门主办或联合部门、行业举办的职业技能竞赛获得奖项的证书。

（3）企业推荐型：提供企业推荐资料（包括被推荐人个人相关资料、企业推荐表等证明材料）。

（二）受理

每年3月、4月为“优才卡”申请受理时间，其他时间不受理。

（三）审核

长安镇“优才卡”管理机构受理相关材料后，按职能分发各成员单位，各单位根据本部门职责对资料进行审核。

（四）发卡

经公示无异议的，由“优才卡”管理机构发放优才卡。

六、“优才卡”的续期

（一）对象

2016年之后获得长安镇“优才卡”的人员。

（二）条件

持卡人为非东莞市长安镇户籍且在长安镇投资、经商、就业的中国公民或境外人员。

（三）续期期限

《关于印发〈长安镇“优才卡”制度实施方案〉的通知》（长府办〔2015〕14号）有效期至2017年12月31日，2015年取得的“优才卡”，至2017年12月31日已满3年，3年期满后自行失效，不再续期；2016年取得的“优才卡”可申请延续至2018年12月31日；2017年取得的“优才卡”可申请延续至2019年12月31日；申请延续后的“优才卡”政策按新的文件执行。

（四）所需提交资料

持卡人本人需携带以下资料：①身份证；②户口本；③优才卡；④有效期内的劳动合同或企业营业执照；⑤提供续期前6个月社会保险缴费清单；⑥续期申请表。

（五）受理时间

2018年1月1日至2018年3月15日（工作日），逾期不予受理。

七、“优才卡”的使用期限

长安镇“优才卡”实行限期制。

“优才卡”的有效期为3年（含申请人获得“优才卡”当年，例如，2019年3月获得“优才卡”的，有效期至2021年12月31日止）。

“优才卡”还在有效期内，持卡人不能重复申请，“优才卡”在有效期满后，属政策范围内的可重新申请办理。

八、“优才卡”的管理服务

（一）管理机构

长安人力资源分局为长安镇“优才卡”管理机构，负责受理“优才卡”的申请、审核、抽签、发放、变更、补办、注销、续期等日常事务工作。

（二）信息变更

持卡人的基本信息变更时，持卡人应当携带相关资料到长安人力资源分局办理信息变更。

（三）遗失、挂失、补办

持卡人持有的优才卡，如有遗失，应及时向长安人力资源分局申请挂失、补办手续。

（四）注销管理

持卡人具有下列情形之一的，长安人力资源分局应当收回“优才卡”，并作注销处理，同时取消其凭卡可享受的公共服务和优惠政策：

（1）违反中华人民共和国法律法规，并且有刑事犯罪记录的；

（2）参加国家禁止的组织及其活动的；

（3）持卡人提供虚假材料等行为的；

（4）持卡人违反学术道德和职业操守，弄虚作假、剽窃他人成果，以不正当手段骗取荣誉的；

（5）持卡人不在长安镇投资、经商、就业的；

（6）持卡人丧失“优才卡”申请资格的；

（7）持卡人已入户长安；

（8）发卡机构认为应当予以注销的其他情形。

（五）管理服务平台

长安人力资源分局建立“优才卡”管理服务平台，平台内部功能包括：

（1）人员信息库。信息库涵盖持卡人申请“优才卡”时所提供的信息情况。

（2）实现“优才卡”的申报、受理、审核、管理、使用、变更、注销等功能。

（3）查询持卡人的相关资料、使用记录等信息。

（4）“优才卡”承载的公共服务功能。

九、“优才卡”的设计及使用

“优才卡”上载明持卡人的有效身份信息。

“优才卡”具有防伪功能。

“优才卡”与身份证同时使用才能享受相关政策与服务。

十、职责分工

长安镇建立“优才卡”统筹协调机制，具体由长安人力资源分局牵头组织各成员单位实施，各成员单位的职能分工如下：

（1）教育服务由教育局组织实施；

（2）医疗救助服务由社会事务局负责；

（3）购房优惠服务由人力资源分局、财政分局、地税分局、住房规划建设局、房管所负责；

（4）就业服务由人力资源分局负责；

（5）投资创业服务由经信局、商务局、创新驱动办、人力资源分局负责；

（6）文化服务由宣传文体局负责；

（7）政治待遇由人大办、组织办、统战办、团委、工会、妇联等各相关职能部门负责；

（8）户籍服务由公安分局、新莞人服务管理中心、人力资源分局负责；

（9）社会保障服务由人力资源分局、社保分局负责；

（10）公共交通服务由社会事务局、公汽公司负责；

（11）持卡人信息管理由人力资源分局负责；

（12）建立“优才卡”制度涉及的投入资金由财政分局统筹安排。

十一、监督检查

申请人伪造或提供虚假证明资料的，一经部门审查发现，不予发放“优才卡”；已领取“优才卡”的，收回其“优才卡”并注销，且自该申请人被发现伪造或提供虚假证明资料之日起，追回所取得的既得利益，5年内不得申请，涉嫌违法犯罪行为的，依法追究相关法律责任。

各有关部门要加强内部审核监督机制，按规定的条件和程序办理“优才卡”的手续，严禁弄虚作假、徇私舞弊，并自觉接受群众和舆论监督。

对发卡过程中有异议的，可向受理部门申诉或提出异议，由相关部门对异议情况进行调查核实。对存在违规违纪行为的，依照有关规定追究相关人员责任。

十二、附则

本实施方案由长安人力资源分局负责解释。

本实施方案自 2018 年 1 月 1 日起正式实施，有效期至 2020 年 12 月 31 日止。原《长安镇“优才卡”制度实施方案》（长府办〔2015〕14 号）同时废止。

长安镇人民政府办公室

2017 年 10 月 18 日印发

常平镇高校毕业生创业场地租金补贴办法

第一条 为吸引高校毕业生回镇创业，促进人才队伍及实体经济健康有序发展，根据《广东省人民政府关于进一步促进创业带动就业的意见》（粤府〔2015〕28 号）、市《关于印发〈关于做好新形势下就业创业工作的实施意见〉的通知》（东府〔2015〕88 号）及《关于印发〈东莞市人力资源局创业场地租金补贴办法〉的通知》（东人发〔2016〕60 号）文件精神，结合本镇实际，制定本办法。

第二条 本办法适用对象为 2015 年 1 月 1 日后国内毕业并已落户常平镇的普通高等学校、高职院校毕业生。

第三条 毕业生本人于 2016 年 1 月 1 日后在本镇行政区域内成功创业并领取工商营业证照（本人为法定代表人或主要负责人），且以企业名义连续参加社会保险 6 个月以上（含 6 个月）的，可以按本办法申请创业场地租金补贴。

第四条 创业场地租金补贴为一次性申领，申领标准按照租赁合同上每月实际缴纳的租金进行补贴。

（一）创业场地月租金在 1000 元（含 1000 元）以下的给予一次性 2000 元的场租补贴。

（二）创业场地月租金在 1001～2000 元（含 2000 元）的

给予一次性3000元的场租补贴。

（三）创业场地月租金在2001～3000元（含3000元）的给予一次性4000元的场租补贴。

（四）创业场地月租金在3001元及以上的给予一次性5000元的场租补贴。每人最高申领补贴金额不超过5000元。

第五条 申领补贴需提交的材料。

（一）申请人身份证复印件、户口本复印件、毕业证书复印件（验原件）；

（二）在本镇行政区域内依法申领的营业证照或其他登记注册证明（副本）复印件（验原件）；

（三）税务登记证（副本）复印件（验原件）（“三证合一”企业除外）；

（四）场地租用合同复印件（租用地址应与注册登记地址一致，产权人与承租人不能为同一人）；

（五）缴纳一年以上（含一年）场地租金的票据原件和复印件；

（六）创办企业在银行开设的基本账户复印件（需加盖单位公章）；

（七）社保部门出具的社会保险费明细参保账单；

（八）《东莞市常平镇大中专毕业生创业场地租金补贴申请表》。

第六条 申领补贴的程序。

（一）申请人持上述资料到东莞市人力资源局常平分局提出补贴申请；

（二）东莞市人力资源局常平分局在10个工作日内对申请

人提交的资料进行审核，加具核查意见后报镇财政审核；

（三）财政分局在10个工作日内完成审核，审核无误后送东莞市人力资源局常平分局按程序进行公示；

（四）公示无意见后，由镇财政将创业场地租金补贴拨到创办企业基本账户。

第七条 创业场地租金补贴实行公示制度，每月开始的5个工作日内在东莞市人力资源局常平分局的公示栏公示当月的申领补贴情况，公示内容包括：申请企业名称、法人代表、补贴金额等，公示时间不少于7天。

第八条 申请人经营满一年后可以申领创业场地租金补贴。符合条件人员只能享受一次创业场地租金补贴。申领补贴的时限为自登记注册起2年内提交申请，逾期不予受理。

第九条 申请人要严格按规定申领补贴。对弄虚作假、欺骗冒领的单位或个人，除追回补贴款外，并按《广东省实施〈中华人民共和国就业促进法〉办法》等相关规定给予处罚，情节严重的，依法追究刑事责任。

第十条 本办法由东莞市人力资源局常平分局负责解释。

第十一条 本办法自颁布之日起实施，有效期至2020年12月31日。

常平镇户籍高校毕业生就业岗位奖励实施办法

第一条 为促进常平镇高校毕业生实现充分就业、稳定就业，鼓励和引导高校毕业生到企业工作，逐步实现企业人才本土化，根据《关于做好新形势下就业创业工作的实施意见》（东府〔2015〕88号）文件精神，结合常平镇实际，制定本办法。

第二条 本办法适用对象为2015年及以后毕业的常平镇户籍（指入学前户籍已在常平的）高校毕业生。具体包括：

（一）常平镇户籍的全日制普通高等院校大专或以上学历的高校毕业生（含研究生以上）；

（二）常平镇户籍的技工院校高级工班、预备技师班和特殊教育院校职业教育类的毕业生。

第三条 本办法的申领条件是常平镇户籍全日制普通高等院校毕业的高校毕业生、技工院校高级工班、预备技师班和特殊教育院校职业教育类的毕业生取得毕业证书后，与镇内用人单位（机关事业单位、镇财政和村组集体经济组织支付工资人员除外，下同）依法签订劳动合同，且工作满1年，并按规定连续参加本市社会基本养老保险12个月（含12个月）以上的，按本办法给予就业岗位奖励。

第四条 岗位奖励的申领受理期限为毕业起3年内，逾期不予受理。

第五条 奖励金额标准按学历、职业资格证书级别进行设定。

（一）常平镇户籍全日制普通高等院校毕业的高校毕业生在常平镇用人单位全日制岗位上实现就业并签订劳动合同，缴纳社会养老保险，工作满1年后且申请奖励时还在职在岗的，按学历条件由镇财政给予奖励：

1. 具备硕士研究生学历（含）以上的，一次性给予每人2.4万元的就业岗位奖励；

2. 具备本科学历的，一次性给予每人1.2万元的就业岗位奖励；

3. 具备大专学历的，一次性给予每人6000元的就业岗位奖励。

（二）常平镇户籍的技工院校高级工班、预备技师班和特殊教育院校职业教育类的毕业生2015年及以后取得国家职业资格证书，并在常平镇用人单位全日制岗位上从事与所持证书专业相关岗位工作并签订劳动合同、缴纳社会养老保险，工作满1年后且申请奖励时还在职在岗的，按职业资格证书等级由镇财政给予奖励：

1. 具备高级技师职称的，一次性给予每人2.4万元的就业岗位奖励；

2. 具备技师职称的，一次性给予每人1.2万元的就业岗位奖励；

3. 具备高级工职称的，一次性给予每人6000元的就业岗位奖励。

第六条 申领奖励需提交以下材料：

（一）《常平镇户籍高校毕业生就业岗位奖励申请表》；

（二）申请人身份证、户口本复印件（验原件）；

（三）申请人学历证书复印件，技工院校高级工班、预备技师班和特殊教育院校职业教育类毕业生需同时提交国家职业资格证书复印件（验原件）；

（四）申请人与企业签订的劳动合同复印件（验原件）；

（五）社保部门出具的社会基本养老保险参保账单；

（六）用人单位开具的企业就业证明；

（七）申请人在东莞市开户的东莞银行银行账户复印件（验原件）。

上述申领材料第（三）项中，申请人提供的国家职业资格证书需在指定的网站作出查验；如申请人提供国外的学历证书，需同时提供东莞市人才市场出具的学历验证报告。

第七条 申领奖励的程序。

（一）申请人按申请情况填写《常平镇户籍高校毕业生就业岗位奖励申请表》，持本办法第六条所规定的材料到镇人力资源分局提出申请。

（二）镇人力资源分局在10个工作日内对申请人提交的材料完成审核，核准后将符合奖励条件的申请人名单在镇人力资源分局公开栏进行公示，公示内容包括：享受奖励人员名单、奖励金额等，公示时间不少于7日。

（三）公示期满且无异议的，由镇人力资源分局加具审核意见，报镇财政分局审批。镇财政分局应在20个工作日内审批完毕，并将高校毕业生就业岗位奖励拨付到符合条件的申请人个人银行账户。如公示有异议的，由镇人力资源分局组织对其进行核查，经核查符合申领条件要求的，作出核查鉴定，并按程序报镇财政分局审批发放奖励；经核查不符合申领条件要求的，作虚假冒领处理。

第八条 申请人要严格按规定申领奖励。对弄虚作假、欺骗冒领的，除追回奖励款外，将依法追究其责任，并按《广东省实施〈中华人民共和国就业促进法〉办法》等相关规定给予处罚，情节严重的，依法追究刑事责任。

第九条 本办法由镇人力资源分局负责解释。

第十条 本办法自公布之日起实施，有效期至 2020 年 12 月 31 日。

道滘镇吸引高层次人才奖励办法

第一章　总则

第一条　为优化道滘镇人才发展环境，进一步吸引高层次人才前来道滘镇发展，根据市、镇相关文件精神，特制定本办法。

第二条　本办法涉及的资助经费从镇财政中安排人才专项资金解决。

第三条　设立道滘镇人才工作评价小组，负责统筹、指导办法的实施，协调解决工作中的重大问题。

镇人才工作评价小组办公室负责各项奖励补贴申请的受理、审核、发放及监管。

镇财政分局负责安排资金预算安排，对资金管理及使用情况进行检查监督。

镇经济科技信息局、商务局、宣传教育文体局、住房规划建设局、人力资源分局、国土分局、地税分局、新莞人服务管理中心等部门按照职责分工，协助审核企业、人才的资格条件。

镇公安分局负责协助核查申请人的户籍信息。

道滘镇人才工作评价小组办公室设于镇组织人事办，负责组织开展办法所规定事务的日常工作。

第二章　申请范围和条件标准

第四条　申请范围。在道滘镇工商登记注册，具有独立法人资格，并符合下列条件之一的，列入申请范围：

（一）国家高新技术企业；

（二）经各级科技主管部门认定的工程技术研究中心、重点实验室，企业技术中心，院士工作站，博士后科研工作站、博士后创新实践基地企业；

（三）国家“千人计划”入选者、省市创新科研团队、创新创业领军人才入选者创办或领办的企业；

（四）经市认定的大型骨干企业；

（五）经市认定的成长型中小企业；

（六）在道滘镇注册设立的新型研发机构、重点引进的产业和规模以上企业；

（七）市、镇“倍增计划”企业及后备企业；

（八）道滘镇重点扶持发展的其他主导产业。

第五条　人才界定标准和认定。

（一）人才的界定标准。本办法所指人才包括在道滘镇推动产业转型升级过程中重点发展的行业、产业、领域紧缺急需或作出相应贡献的高层次人才，包括如下三类：

1. 在本镇工作的中央“千人计划”专家、省市引进创新科研团队带头人或核心成员、省市领军人才、市特色人才、优秀创业人才；

2. 人事关系转入东莞市，具有硕士研究生及以上学历的高层次人才；

3. 年收入达到15万元及以上的（经地税核准），缴纳社保满1年，全日制本科及以上学历或者初级（含）以上职称的企业中高层管理人员或技术骨干。

（二）人才的认定。凡达到上述条件的人才，可向镇人才工作评价小组进行申请认定，根据人才的层次，享受相应的资金补助和配套服务，申请认定需提交资料如下：

1. 申请人身份证、户口本（验原件，收复印件）；

2. 申请人职称证书，学历、学位证书和由东莞市地方税务局出具的上年度个人所得税完税证明（验原件，收复印件）；

3. 申请人与用人单位依法签订的劳动合同、任职证明、在本单位缴纳社会保险的参保证明（验原件，收复印件）；

4. 申请人的收款账号存折或银行卡复印件；

5. 企业单位资质证明材料，企业工商营业执照和机构代码证（收复印件，加盖单位公章）。

第三章　资金补助及配套服务

第六条　人才租房补贴。凡引进来道滘镇工作，且尚未在本市购买商品住宅房，也未申请入住市人才公寓的，可申请租房补贴租住商品住宅房，补贴年限不超过3年，符合市特色人才条件要求的，特级人才每月最高补贴5000元，一类人才每月最高补贴3000元，二类人才每月最高补贴2500元，三类人才每月最高补贴2000元，四类人才每月最高补贴1500元。其他符合道滘镇人才条件，并且在企业任职高层管理人员（总经理、副总经理等）或核心骨干技术人员（技术总监、总工程师、副总工程师等），可享受每月最高 1000 元租房补贴，优先安排入住镇人才公寓。

第七条 新引进人才生活补贴和企业奖励金。凡被道滘镇认定的人才，并在道滘镇工作 1 年以上，可分类别申请一次性发放 6000 元至 2 万元不等的生活补助。具体标准如下：

（一）全日制本科：6000 元/人；

（二）中级职称或硕士：1 万元/人；

（三）高级职称或博士：2 万元/人。

同时，对人事关系转入东莞市的硕士、博士类人才所属企业给予奖励，其中硕士人才奖励 2000 元/人，博士人才奖励 3000 元/人。

第八条 社保定额补助。经道滘镇认定的人才参加社会医疗保险（含市内外参保）个人缴费部分，符合市特色人才要求的，特级人才每年定额补贴 4000 元，一类人才每年定额补贴 3000 元，二类人才每年定额补贴 2000 元，三类人才每年定额补贴 1000 元，四类人才每年定额补贴 600 元。其他符合道滘镇人才认定条件的，每人每年最高补贴 500 元。补助年限不超过 3 年。

第九条 税收补助。经道滘镇认定的人才按照个人上一年度所缴纳个人工薪收入所得税地方留成部分 80% 的标准予以补贴，每人每年最高补贴不超过 50 万元，补贴年限不超过 3 年。

第十条 享受义务教育学位。每年道滘镇为人才子女入学提供一批教育学位指标，具体指标数根据当年全镇指标使用情况灵活安排。凡符合人才界定条件者可以申请办理。

第十一条 免费体检。每年由道滘镇公立医院为人才免费提供一次常规体检服务。

第十二条 人才入户。对达到上述条件的人才，优先安排入户道滘镇，并安排专人协助跟进入户事宜。

第十三条 市、镇同类政策补贴不重复享受。

第四章 申报审核

第十四条 人才租房补贴申请。符合人才认定条件的，提供如下材料报镇人才工作评价小组办公室进行申报：

（一）《道滘镇人才租房补贴申请表》（原件，一式三份）；

（二）租房合同及发票原件（验原件，收复印件）；

（三）配偶及子女身份证、户口本、结婚证等复印件；

（四）其他需要补充的文件、材料。

初审通过后提交镇人才工作评价小组办公室完成审核，符合条件的申请报镇政府审批，并由镇财政专项资金发放住房补贴。每年 12 月集中申报一次。

第十五条 新引进人才生活补贴和企业奖励金申请。对于符合《东莞市成长型企业人才扶持试行办法》文件规定的补贴申请，申请人提交镇人力资源分局申请并由市财政给予补贴；对于其他符合道滘镇条件的人才，提供如下材料报镇人才工作评价小组办公室进行申报（一式三份）：

（一）《道滘镇人才生活补贴申请审核表》（原件）；

（二）企业收款账户复印件；

（三）其他需要文件、材料。

初审通过后提交镇人才工作评价小组办公室完成审核并报

镇政府审批，由镇财政从专项资金中按同等标准对人才给予补助，对符合条件企业拨付奖励金。

第十六条 社保定额补助申请。对于符合《东莞市特色人才特殊政策实施办法》文件规定的人才，经市认定后由市给予补贴；对于不符合市文件要求，但符合道滘镇人才认定条件的，并在道滘镇企业工作满 1 年的人才，提供如下材料报镇人才工作评价小组办公室进行申报：

（一）《道滘镇人才社保费用定额补助申请表》（原件，一式三份）；

（二）社保缴费清单原件；

（三）其他需要补充的文件、材料。

经初审通过后报镇政府审批，由镇财政从人才专项资金中按同等标准给予补助。每年 12 月集中申报一次。

第十七条 税收补助申请。经道滘镇认定的人才，提供如下材料报镇人才工作评价小组办公室进行申报：

（一）《道滘镇人才税收补助申请表》（原件，一式三份）；

（二）税收缴纳清单原件；

（三）其他需要补充的文件、材料。

对于符合《东莞市特色人才特殊政策实施办法》文件规定的人才，经市认定后由市给予补贴；对于不符合市文件要求，但符合道滘镇人才认定条件的，经初审通过后提交镇人才工作评价小组办公室完成审核并报镇政府审批，由镇财政从人才专项资金中按同等标准给予补助。每年 12 月集中申报一次。

第十八条 子女义务教育指标申请。经道滘镇认定的人才的子女享受本镇户籍同等的免费义务教育待遇，提供如下材料于每年 5 月统一报镇人才工作评价小组办公室进行申请：

（一）《道滘镇人才子女入学申请表》（一式三份）；

（二）家庭户口本或子女出生证、子女有效身份证件的原件和复印件；

（三）学生教育程度证明（毕业证或在读学校学籍证明）；

（四）其他需要补充的文件、材料。

初审通过后提交镇人才工作评价小组办公室完成审核，符合条件的申请报镇政府审批，通过审核后由宣传教育文体局协助办理入学手续。通过审核但由于教育指标分配完毕而未能获批的申请，将于第二年审核后优先分配。

第五章　监督管理

第十九条　申请单位或申请人应如实提供申报材料，并对申报材料的真实性和准确性负责；申请人以隐瞒或虚报学历、职称、户籍、社保、纳税等情况的方式弄虚作假提出申请，或以不正当手段骗取补贴资金的，经查实后，取消申请资格，对已拨付的财政补贴资金予以追缴；构成犯罪的，依法追究刑事责任。

第六章　附则

第二十条　本办法由镇组织人事办牵头负责解释。

第二十一条　本办法自颁布之日起实施，有效期至 2018 年 12 月 31 日。《关于印发〈道滘镇吸引高层次人才奖励办法〉的通知》（东道府办〔2016〕29 号）同时废止。